エコアンダリヤで編む

おしゃれバッグ
と
夏の帽子

Contents

OI クラッチバッグ

中央にタックをとった斜め模様のクラッチ。
編みくるむ口金を使っているので、仕立ても簡単です。
ポーチとしてバッグインしても。

Design_Sachiyo*Fukao
How to make_P.38

02 かご風バッグ

市場かごのような、丈夫でかっちりしたバッグ。
こま編みでジグザグの配色ラインを描く、新鮮な編み方です。

Design_ 宇野千尋
How to make_P.40

03 つば広ハット

かぶりやすいベーシックなストローハット。
ブリムはくるんと上にあげても目深にかぶっても、
どちらも素敵です。

Design_ 早川靖子
How to make_P.42

O4 巾着ショルダー

ぽこぽこした玉編み模様がかわいい巾着バッグ。
流行のミニショルダーは、コーディネートのアクセントに。

Design_Little Lion
How to make_P.44

05 センタータックのバッグ

編みやすさにこだわってデザインした、こま編み交差編みのバッグ。
入れ口にタックをとって、おしゃれなシルエットに。

Design_ 橋本真由子
How to make_P.46

06 ぺたんこ巾着バッグ

個性的な透かし模様が目を引く、
ぺたんこタイプの巾着ショルダー。
肩ひもの長さは、自分好みにアレンジして。

Design_ 宇野千尋
How to make_P.43

07 透かしリボンの帽子

細い糸で繊細なリボンを編んだ、レディな帽子。
かぶると少し波打つブリムも、
女性らしさを引き立てます。

Design_marshell（甲斐直子）
How to make_P.48

a

b

08 方眼編みのバッグ

方眼編みでダイヤ柄を描いたバッグ。
レザー底を使った端正なバッグは、
書類を入れてオフィス仕様にも。

Design_ 金子祥子
How to make_P.50

09 花模様のバッグ

赤い花が並んだキュートなミニバッグ。
模様がきれいに現れるよう、編み方を工夫しました。
子ども用バッグとしても。

Design_ 青木恵理子
How to make_P.52

IO　ポークパイハット

新定番になりそうな、おしゃれなハット。
トップのくぼみがデザインのポイントです。この夏ぜひトライしてみて。
*bは子どもサイズ。

Design_ 城戸珠美
How to make_P.54

II バケツ形巾着バッグ

ネイビーのリネンヤーンと
引きそろえて編むことで、
マットで上品な仕上がりに。
カジュアルにもフォーマルにも活躍します。

Design_ すぎやまとも
How to make_P.49

12 ワンショルダーバッグ

ほどよい透かし柄が魅力の総柄バッグ。
ざくざくとスピーディーに編み上がります。
大きめなので収納力もばっちり。

Design_ 橋本真由子
How to make_P.57

I3 ボタニカル柄のバッグ

引き上げ編みと玉編みで描く、植物柄のマルシェバッグ。
aはスパンコール入りのコットンヤーンと引きそろえて編み、
上品に輝く編み地が魅力です。

Design_ 金子祥子
How to make_P.58

b

14 カンカン帽

サイドにさりげない透かし模様を入れたカンカン帽。
サンドベージュに黒リボンを合わせて
カジュアルすぎず大人っぽい雰囲気に。

Design_ 深瀬智美
How to make_P.60

I5 フリルバッグ

入れ口のフリルがポイントのバッグ。
夏の装いに似合うビビッドなカラーを選んで。

Design_ 早川靖子
How to make_P.62

I6 こま編みのトートバッグ

側面もまちも、中央からぐるぐると四角く編み、あとから組み立てます。
こま編みだけでかっちりと編んだバッグは、小さいけれどしっかりもの。

Design_ 城戸珠美
How to make_P.64

17 ネットバッグ

ネット編みで長方形に編み、ギャザーを寄せながら
周囲を拾ってグラニー形に仕上げました。
ビッグサイズなので、エコバッグとしてお買い物にも。

Design_ すぎやまとも
How to make_P.66

18 フリルの帽子

ブリムに、くさり編みのフリルを編みつけたクローシュ。
細い糸で編んでいるので、やわらかく繊細な仕上がりに。

Design_ 岡本啓子
Making_ 宮本真由美
How to make_P.68

19 花モチーフのバッグ

立体的な花モチーフがかわいい、グラニーバッグ。
色によって雰囲気がかわるので、
自分好みの組み合わせをセレクトして。

Design_ 川路ゆみこ
How to make_P.70

20 サークルバッグ

引き上げ編みでリーフ柄を描いた印象的なサークルバッグ。
シンプルな装いに合わせて、コーディネートの主役に。

Design_ 城戸珠美
How to make_P.72

2I　リボンつきバッグ

グレイッシュなピンク＆透かし編みのリボンがかわいい乙女なバッグ。
入れ口にはフリルを編んで、いっそう愛らしく。

Design_ 川路ゆみこ
How to make_P.74

22 スクエアバッグ

ペーパーバッグをイメージしたバッグ。
持つときにまち部分からちらりと覗く、
小花柄の編み込み模様がとびきりおしゃれ。

Design_ 岡本啓子
Making_ 佐伯寿賀子
How to make_P.76

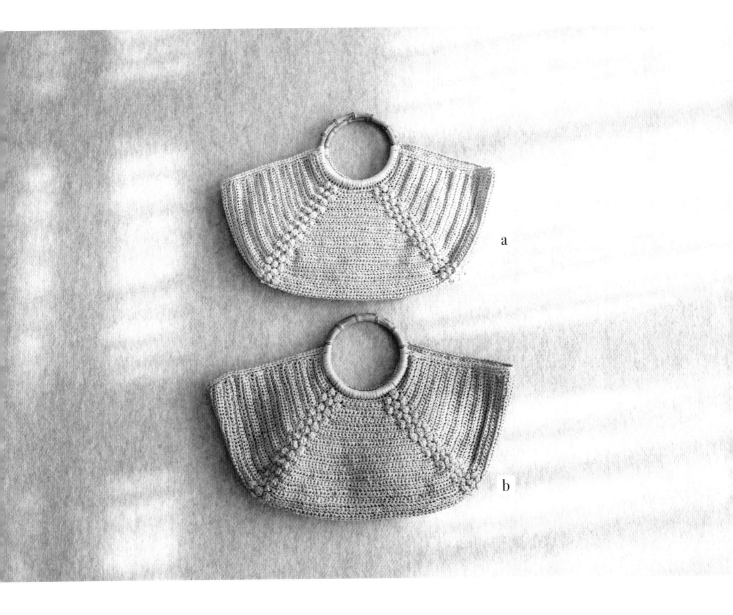

a

b

23 バンブーハンドルのバッグ

玉編みのラインを効かせた、ハーフムーンバッグ。
側面を持ち手側から2枚編み、底部分でつなぎます。
バンブーハンドルでナチュラルにまとめて。

Design_ 金子祥子
How to make_P.78

24 つつみ編みのバッグ

やわらかい太ひもをつつみながら編む「つつみ編み」。
短時間で編めるオリジナルの編み方です。
平面に編んで折りたたむので、きれいな形に仕上がります。

Design_ 深瀬智美
How to make_P.80

25 チェーンバッグ

幾何学模様を描いたフラップつきバッグは、
ゴールドの金具 & チェーンでワンランクアップ。
特別なお出かけに。

Design_marshell（甲斐直子）
How to make_P.82

26 ワンマイルバッグ

ちょっとそこまでのお出かけに大活躍するミニトート。
編み地を重ね、センターを黒で引き抜いてポケットを作りました。

Design_ 青木恵理子
How to make_P.69

27　2wayバッグ

こま編み、引き上げ編み、中長編み。
3つの編み方だけなのに、
配色することで新鮮な模様が浮かび上がります。
持ち方次第で、巾着にもマルシェバッグにも。

Design_marshell（甲斐直子）
How to make_P.84

a

28 バックスリットのクローシュ

後ろ中央にスリットを入れたシンプルなクローシュ。
編みやすく、かぶる人を選ばないデザインです。

Design_ 金子祥子
How to make_P.90

29 メリヤスこま編みのバッグ

メルカドバッグをイメージした、ビッグサイズの編み込みバッグ。
少し時間はかかりますが、
しっかりとしたきれいな模様に仕上がるのはメリヤスこま編みならでは。

Design_ 城戸珠美
How to make_P.86

30 バイカラーのキャップ

流行のキャップを黒×サンドベージュの
バイカラーで大人っぽく。
大きめのブリムが特徴です。
最終段にはテクノロートを入れて形をキープ。

Design_ 城戸珠美
How to make_P.88

編み始める前に

糸について | *糸見本は実物大

エコアンダリヤ

木材パルプを原料にした天然素材、レーヨン100%の糸。さらさらとした手触りで、色数も豊富です。

エコアンダリヤ《クロッシェ》

エコアンダリヤの半分の太さの細タイプ。適度なコシと張りがあり、繊細な編み地ができます。

糸の取り出し方

エコアンダリヤはビニール袋に入れたまま、糸玉の内側から糸端を取り出して使います。ラベルを外すと糸がほどけてしまい、編みにくくなるので外さないようにしましょう。

ゲージについて

ゲージとは「一定の大きさ（写真は10cm角）の中に何目、何段入るか」を示しています。本と同じ針で編んでも、編む人の手加減によってゲージがかわることがあります。帽子はかぶれなくなることもあるので、15cm角くらいの編み地を試し編みしてゲージを測り、表示のゲージと異なる場合は、次の方法で調整しましょう。

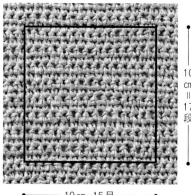

10cm＝17段

← 10cm＝15目 →

目数・段数が表示よりも多い場合

手加減がきついので、編み上がりが作品よりも小さくなります。表示よりも1〜2号太めの針で編みましょう。

目数・段数が表示よりも少ない場合

手加減がゆるいので、編み上がりが作品よりも大きくなります。表示よりも1〜2号細めの針で編みましょう。

便利な用具

テクノロート／テクノロートL
（H204-593）　　（H430-058）

形状記憶できる芯材。帽子のブリムなどの芯として一緒に編みくるむと形が保たれます。Lは太タイプ。

熱収縮チューブ
（H204-605）

テクノロートの端の始末に使用します。

スプレーのり
（H204-614）

スチームアイロンで形を整えたあと、スプレーのりをかけると形状が長く保たれます。

はっ水スプレー
（H204-634）

エコアンダリヤは吸水性の高い素材なので、はっ水スプレーではっ水・防汚効果を持たせるのがおすすめです。

基本のテクニック

・テクノロートの編みくるみ方

編み始め

1 熱収縮チューブを2.5cmに切り、テクノロートに通す。

2 テクノロートをチューブの先に引き出し、二つ折りにして数回ねじり、輪を作る。ねじった部分をチューブに戻し、ドライヤーの温風で加熱してチューブを収縮させる。

3 立ち上がりのくさり編みを編み、編み始めの目とテクノロートの輪に針を入れ、こま編みを編む。

4 次からはテクノロートを編みくるみながらこま編みを編む。

編み終わり

1 編み終わりの5目くらい手前まで編んだら、形を整える。

2 5目分の2倍の長さを残し、テクノロートをカットする。

3 編み始めの1、2の要領で熱収縮チューブに通し、テクノロートをねじって輪を作る。

4 最後の目の手前まで編み、編み始めの3と同様に、最後の目とテクノロートの輪に針を入れてこま編みを編む。

・チェーンつなぎ ＊わかりやすいように、2〜4は糸の色をかえています。

1 編み終えたら糸は15cmくらい残してカットし、針をはずして糸端を引き出す。

2 糸端をとじ針に通し、最初の目の頭（糸2本）をすくう。

3 次に、最後の目の頭に針を入れる。

4 糸を引き、くさり目を1目作る。最初と最後の目がつながり、きれいな仕上がりになる。

作品の仕上げ方

帽子やバッグの中に新聞紙やタオルなどをつめて形を整えます（**a**）。編み地から少し浮かせてスチームアイロンをあて、形を整えて乾くまでそのまま置いておきます（**b**）。仕上げにスプレーのりをかけると形状が保たれます。帽子の場合、トップ、サイドを編んだ状態で一度スチームアイロンをあてておくと、形が整えやすく、おすすめです（**c**）。

a

b

c

OI クラッチバッグ　Photo_P.3

|糸| ハマナカ エコアンダリヤ（40g玉巻）
ライムイエロー（19）60g
|針| ハマナカアミアミ両かぎ針ラクラク7/0号
|その他| ハマナカ 編みつける口金
（13cm／H207-021-4）1組
|ゲージ| こま編み　18目＝10cm　5段＝2.5cm
①模様編み　5模様（15目）＝8cm　10段＝12cm
|サイズ| 図参照

|編み方| 糸は1本どりで編みます。
底はくさり33目を作り目し、こま編みで図のように増しながら編みます。続けて側面をこま編みと①模様編みで増減なく編み、続けて②模様編みで2段編み、糸を切ります。わきに新しく糸をつけ、2カ所タックをとりながら1段編みます。口金をこま編みで編みくるみます。

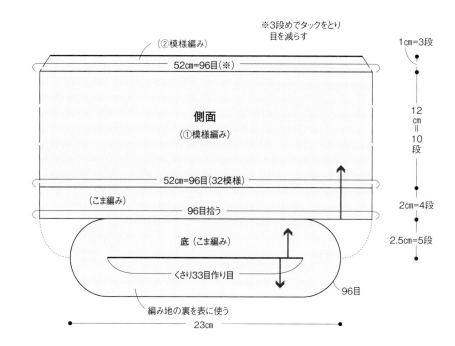

口金の編みくるみ方

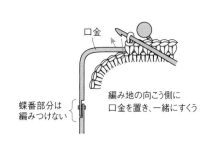

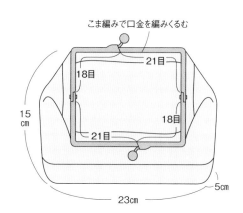

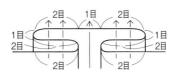

タックのとり方

図のように三つ折りにし
3枚重ねて、こま編みを
2目ずつ拾う

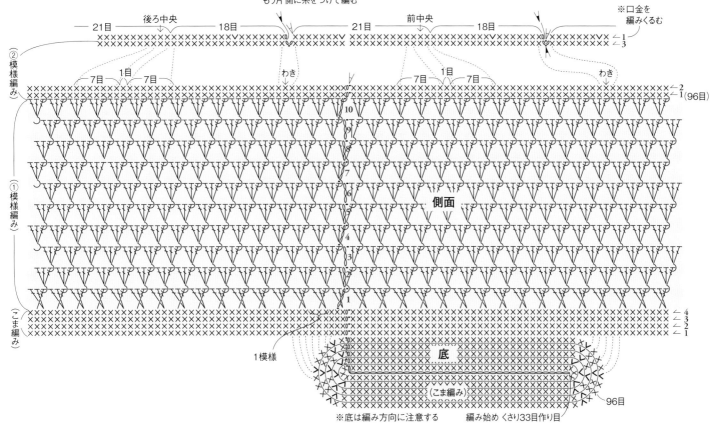

※口金の片側を編みくるんだら糸を切り、
もう片側に糸をつけて編む

後ろ中央　　21目　　　　18目　　　　　21目　前中央　　18目　　　　※口金を
編みくるむ

② 模様編み
① 模様編み
（こま編み）

7目　1目　7目　　　わき　　　　　7目　1目　7目　　　わき

側面

1模様

底

（こま編み）

※底は編み方向に注意する　　　編み始め くさり33目作り目

96目

∨ = こま編み2目編み入れる

= 長編み表引き上げ編みを編み、
同じ目の頭に長編みを2目編む

= 4、7、10段めの編み始めは、
引き抜き編みを編み、
前段の長編みの足に針を入れて
立ち上がりのくさりの1目めを編む

※②模様編みの1段めの　　も同じ要領で編む

= 糸をつける

= 糸を切る

底の目数と増し方

段	目数	増し方
5	96目	毎段6目増す
4	90目	
3	84目	
2	78目	
1	作り目から72目拾う	

O2 かご風バッグ Photo_P.4

糸	ハマナカ エコアンダリヤ（40g玉巻）

ベージュ（23）220g
黒（30）、ブルーグリーン（63）、
ダークオレンジ（69）、カーキ（59）各15g

針	ハマナカアミアミ両かぎ針ラクラク6/0号
ゲージ	模様編み 19目18段＝10cm角
サイズ	幅27cm 深さ25.5cm まち10cm

編み方	糸は1本どりで、指定以外はベージュで編みます。

底はくさり42目を作り目し、こま編みとくさり編みで図のように増しながら編みます。続けて140目に減らし、側面を指定の配色の模様編みで編みます。配色糸は地糸でくるみながら渡します。44段めまで編んだらねじりこま編みを1段編みます。肩ひもはくさり125目を作り目し、変わりこま編みで編みます。同じものをもう1本編み、指定の位置にまつりつけます。側面を四角くスチームアイロンで整えます。

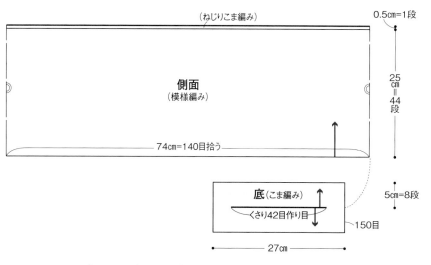

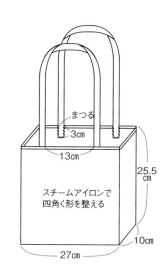

●模様編みの編み方

1 側面4段め。くさり1目で立ち上がり、黒の糸を編みくるみながらこま編みを3目編み、4目めのこま編みの引き抜くときに、黒の糸にかえる。このときベージュの糸を手前側から針にかけて一緒に引き抜くと目が締まって安定する。

2 色が黒にかわった。前段の3目手前に針を入れ、黒の糸を長く引き出す。

3 ベージュの糸にかえ、矢印のように3段下に針を入れて糸を長く引き出す。

4 針にベージュの糸をかけ、かかっているループを一度に引き抜く。このとき1と同じように黒の糸を手前側から針にかけておく。

5 引き抜いたところ。黒とベージュでこま編み2目一度をしたことになる。これが1模様。

6 ベージュでこま編み3目編んだら4目めで1と同様に黒にかえる。**2〜5**をくり返して、編み進める。

7 1段編んだら、最後の引き抜き編みのときに黒の糸にかえて引き抜く。

8 5段め。立ち上がりのくさりを編み、3目手前の目に針を入れて同様に編む。この段の最後のこま編みは黒の糸をよけて編む。以降は配色糸をかえながら、図のように編む。

側面（模様編み）

ねじりこま編み
（44段めを編み
くるみながら
43段めに編む）

編み終わり

←1
←44
←43

40 すべて
ベージュ

たて配色糸
カーキ

30

たて配色糸
ダークオレンジ

20

よこ配色糸
ブルーグリーン

10

よこ配色糸
黒

←3
←2

の配色糸以外はすべてベージュで編む

5目1模様

底
（こま編み）

側面の
1段め

編み始め くさり42目作り目

∧ = ⋏ こま編み2目一度

＼ ＝ 指定の色で
こま編み2目一度を編む
（P.40の写真参照）

立ち上がりの目を
またぐ場合は、先に2目一度をし、
その段の最後にこま編みを編む

肩ひも 2本（変わりこま編み）
※2〜4段めの針の入れ方は右写真参照

編み終わり
3
1
編み始め

←4
←2

1.5cm
＝
4段

←70cm＝くさり125目作り目→

● 肩ひもの編み方

1 2段め。前段のこま
編みに矢印のように針を
入れ、くるむようにして
こま編みを編む。

2 3段め。前々段のこ
ま編みの頭（前段のこま
編みの目と目の間）に針
を入れて編む。

3 4段め。3段めと同
様に前々段のこま編みの
頭（前段のこま編みの目
と目の間）に針を入れて
編む。

糸｜ハマナカ エコアンダリヤ（40g玉巻）
カーキ（59）130g
針｜ハマナカアミアミ両かぎ針ラクラク6/0号
その他｜ハマナカテクノロート（H204-593）
490cm　熱収縮チューブ（H204-605）5cm
ゲージ｜こま編み　14.5目18.5段＝10cm角
サイズ｜頭まわり58cm　深さ16cm

編み方｜糸は1本どりで編みます。
クラウンは糸端を輪にし、こま編みを6目編み入れます。2段めからは図のように増しながら30段めまで編みます。続けてブリムをこま編みで図のように増しながら編み、16～19段はテクノロートを編みくるみます。最終段はバックこま編みを編みます。ひもとひも通しをくさりで編み、指定の位置にひも通しをつけます。ひもを通し、後ろ中央で結びます。

目数と増し方

	段	目数	増し方
ブリム	15～22	176目	増減なし
	14	176目	8目増す
	12・13	168目	増減なし
	11	168目	14目増す
	9・10	154目	増減なし
	8	154目	14目増す
	7	140目	増減なし
	6	140目	14目増す
	5	126目	増減なし
	4	126目	14目増す
	3	112目	増減なし
	2	112目	毎段
	1	98目	14目増す
クラウン	22～30	84目	増減なし
	21	84目	6目増す
	18～20	78目	増減なし
	17	78目	6目増す
	16	72目	増減なし
	15	72目	6目増す
	14	66目	増減なし
	13	66目	6目増す
	12	60目	増減なし
	11	60目	毎段
	10	54目	6目増す
	9	48目	増減なし
	8	48目	
	7	42目	
	6	36目	
	5	30目	毎段6目増す
	4	24目	
	3	18目	
	2	12目	
	1		6目編み入れる

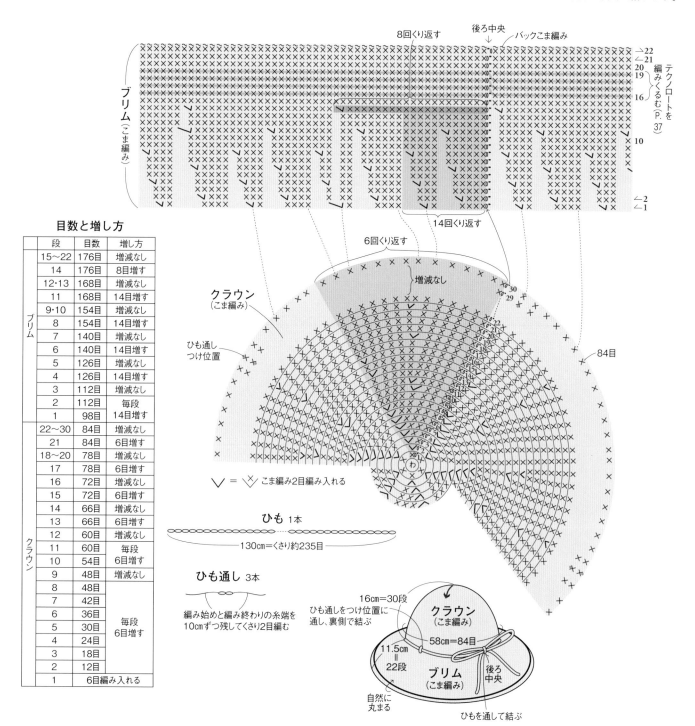

8回くり返す　後ろ中央　バックこま編み

ブリム（こま編み）

→22　←21　20　19　16　テクノロートを編みくるむ（P.37）　10　←2　←1

14回くり返す

6回くり返す

増減なし

クラウン（こま編み）

ひも通しつけ位置

30　29

84目

∨ ＝ こま編み2目編み入れる

ひも 1本
130cm＝くさり約235目

ひも通し 3本
編み始めと編み終わりの糸端を10cmずつ残してくさり2目編む

16cm＝30段
ひも通しをつけ位置に通し、裏側で結ぶ
クラウン（こま編み）
58cm＝84目
11.5cm＝22段
ブリム（こま編み）
後ろ中央
自然に丸まる
ひもを通して結ぶ

06 ぺたんこ巾着バッグ Photo_P.8

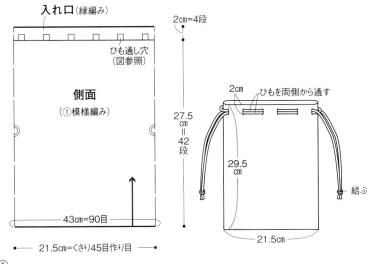

糸	ハマナカ エコアンダリヤ（40g玉巻）

ベージュ（23）130g

針	ハマナカアミアミ両かぎ針ラクラク6/0号
ゲージ	①模様編み　21目＝10cm　1模様（8段）＝5.5cm
サイズ	幅21.5cm　深さ29.5cm
編み方	糸は1本どりで編みます。

くさり45目を作り目し、作り目の両側から90目拾い目して①
模様編みで毎段編み方向をかえながら輪に編みます。続けて入
れ口に縁編みを編みますが、ひも通し穴を作りながら編みます。
ひもはくさり220目を作り目し、②模様編みで2本編み、ひも
通し穴に通して結びます。

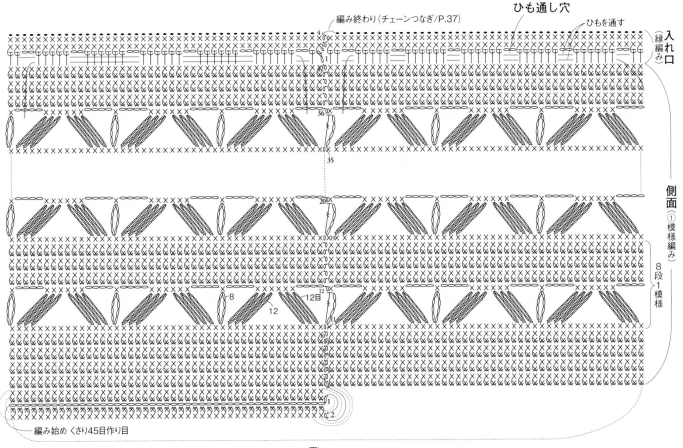

04 巾着ショルダー Photo_P.6

|糸| ハマナカ エコアンダリヤ（40g玉巻）
a ミントグリーン（902）105g
b シルバー（173）105g
|針| ハマナカアミアミ両かぎ針ラクラク5/0号
|ゲージ| 模様編み　19目21段＝10cm角
こま編み　19目＝10cm　11段＝5.5cm
|サイズ| 図参照

|編み方| 糸は1本どりで編みます。
底はくさり4目を作り目し、こま編みで図のように増しながら編みます。続けて側面を毎段編み方向をかえながら模様編みとこま編みで輪に編みます。指定の位置には口ひも通し穴をあけます。肩ひもはくさり230目を作り目し、図のように編みます。口ひもはくさり100目を編み、口ひもを通し穴に通して輪にしてから、くさりの裏山をすくって引き抜き編みをします。ストッパーはくさり3目を作り目し、こま編みで編みます。口ひもを図のようにはさんでストッパーを輪にし、中央を縫いとめます。肩ひもを側面にまつりつけます。

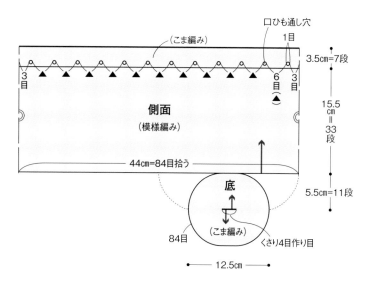

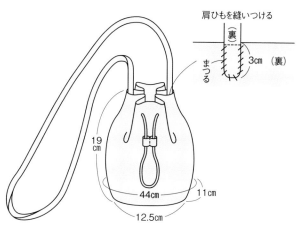

口ひもの通し方

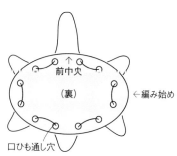

ストッパー
1本（こま編み）

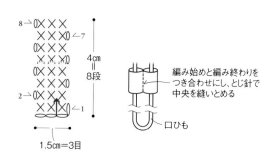

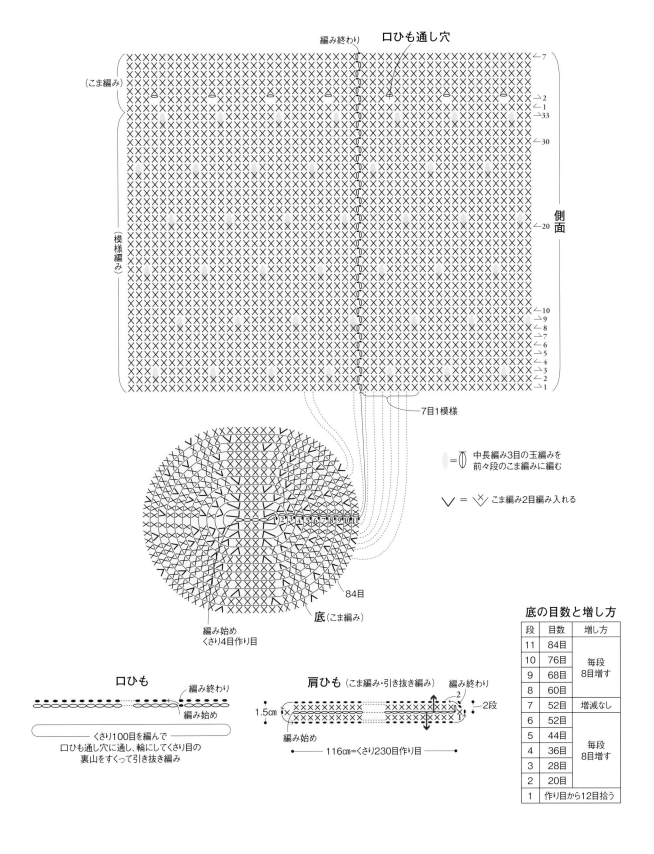

口ひも通し穴

編み終わり

（こま編み）

（模様編み）

側面

7目1模様

編み始め
くさり4目作り目

底（こま編み）

84目

編み始め

$\bigcirc\hspace{-0.5em}\bigcirc$ = 中長編み3目の玉編みを
前々段のこま編みに編む

$\vee$ = $\underset{\wedge}{\vee}$ こま編み2目編み入れる

口ひも

編み終わり

編み始め

くさり100目を編んで
口ひも通し穴に通し、輪にしてくさり目の
裏山をすくって引き抜き編み

肩ひも （こま編み・引き抜き編み）

編み終わり

1.5cm

編み始め

2段

116cm=くさり230目作り目

底の目数と増し方

段	目数	増し方
11	84目	毎段 8目増す
10	76目	
9	68目	
8	60目	
7	52目	増減なし
6	52目	毎段 8目増す
5	44目	
4	36目	
3	28目	
2	20目	
1	作り目から12目拾う	

O5 センタータックのバッグ Photo_P.7

|糸|ハマナカ エコアンダリヤ(40g玉巻)
オフホワイト(168)220g
|針|ハマナカアミアミ両かぎ針ラクラク6/0号
|ゲージ|模様編み 22目11段＝10cm角
こま編み(底)16.5目＝10cm 16段＝9cm
|サイズ|図参照

|編み方|糸は1本どりで編みます。
底はくさり48目を作り目し、こま編みで増減なく16段編みます。続けて側面を底の周囲から拾い目し、模様編みで32段編み、糸を切ります。指定の位置に糸をつけ、こま編みで入れ口を編みますが、前側、後ろ側の中央にタックをたたみ、重ねて目を拾います。こま編みで7段編み、続けて持ち手を中央まで編みます。反対側に糸をつけ、同様に持ち手を中央まで編み、つき合わせにして巻きかがります。

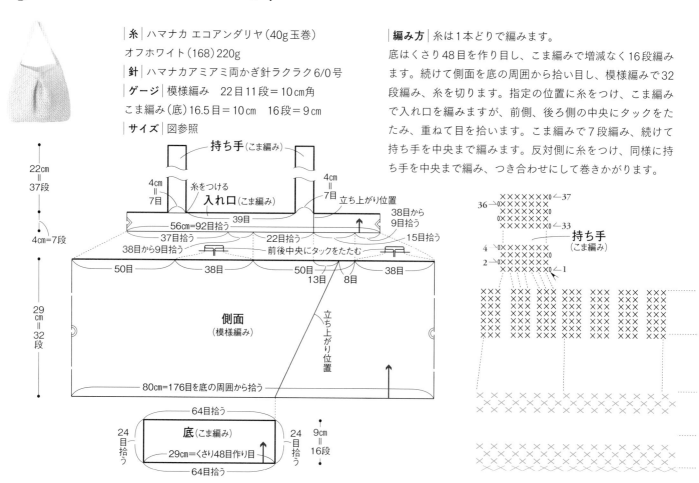

● 模様編みの編み方　＊わかりやすいよう糸の色をかえて解説しています。

側面1段め

1 立ち上がりのくさりを編み、次の目にこま編みを編む。

2 続けて、1目めに戻って針を入れ、1で編んだ目をくるむようにしてこま編みを編む。「こま編み交差編み」が1模様編めた(×)。

3 次に、隣の目に針を入れてこま編みを編む。

4 1と同じところに針を入れ、3の目をくるむようにしてこま編みを編む。こま編み交差2模様めが編めた(××)。同じ目に針を2回入れているので、1目増えたことになる。

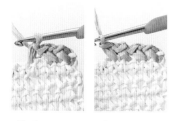

5 次の目は1目分とばしてこま編みを編む、次にとばした1目にこま編みを編む。1～5をくり返す。

6 角は立ち上がりのくさりとこま編みの間に針を入れて編む。

7 続けて最後のこま編みの頭に針を入れて編む。

8 次の目はこま編みの足1本をすくって編み、続けて6と同じところに編む。

46

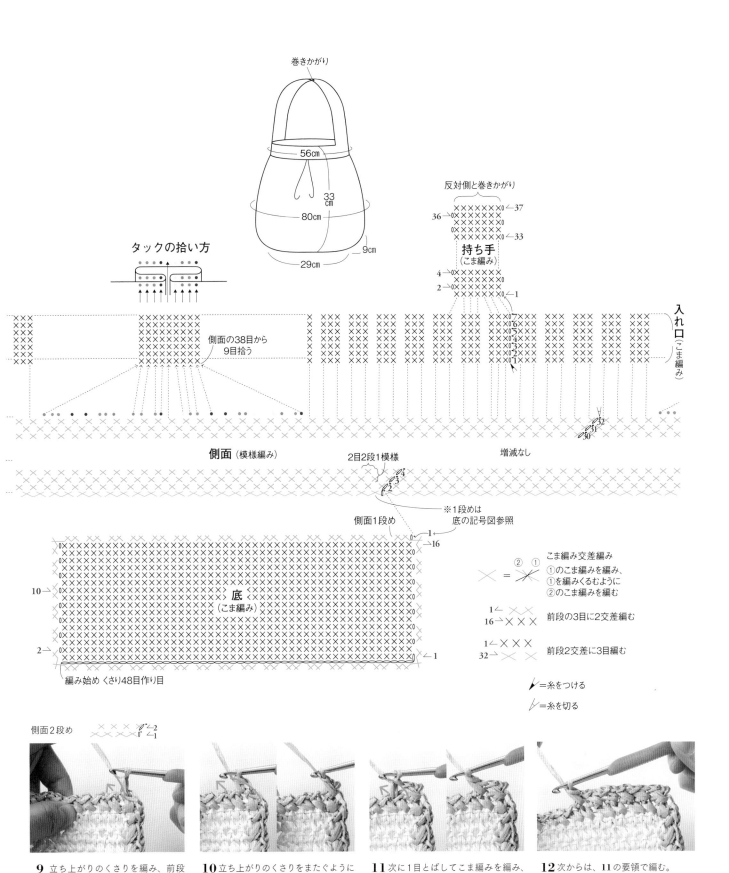

巻きかがり

反対側と巻きかがり

56cm

33cm

80cm

9cm

29cm

持ち手
（こま編み）

36→
37
33

4→
2→
1

入れ口
（こま編み）

タックの拾い方

側面の38目から
9目拾う

側面（模様編み）

2目2段1模様

増減なし

30
31
32

※1段めは
底の記号図参照

側面1段め

16
1

こま編み交差編み
①のこま編みを編み、
①を編みくるむように
②のこま編みを編む

底
（こま編み）

10→

2→

編み始め くさり48目作り目

1←
16→
前段の3目に2交差編む

1←
32→
前段2交差に3目編む

＝糸をつける

＝糸を切る

側面2段め

9 立ち上がりのくさりを編み、前段の1目めのこま編みの頭にこま編みを編む。

10 立ち上がりのくさりをまたぐようにして、前段の最後の目に針を入れ、こま編みを編む。

11 次に1目とばしてこま編みを編み、続けてとばした目に戻ってこま編みを編む。

12 次からは、11の要領で編む。

07 透かしリボンの帽子 Photo_P.9

| 糸 | ハマナカ エコアンダリヤ（40g玉巻）
ベージュ（23）120g
ハマナカ エコアンダリヤ《クロッシェ》
（30g玉巻）黒（807）30g

| 針 | ハマナカアミアミ両かぎ針ラクラク5/0号、4/0号

| ゲージ | こま編み（5/0号かぎ針）
16.5目21段＝10cm角
模様編み　1模様（4段）＝2.5cm

| サイズ | 頭まわり59cm　深さ16.5cm

| 編み方 | 糸は1本どりで、帽子はエコアンダリヤを5/0号針で、リボンはエコアンダリヤ《クロッシェ》を4/0号針で編みます。
クラウンは糸端を輪にし、こま編みを7目編み入れます。2段めからは図のように増しながら35段めまで編みます。続けてブリムを図のように増しながらこま編みで編み、最終段はバックこま編みを編みます。リボンA、Bはそれぞれくさりで作り目し、図のように編んでクラウンに巻き、リボンBでAの交差部分をとめます。数カ所をクラウンにとめつけます。

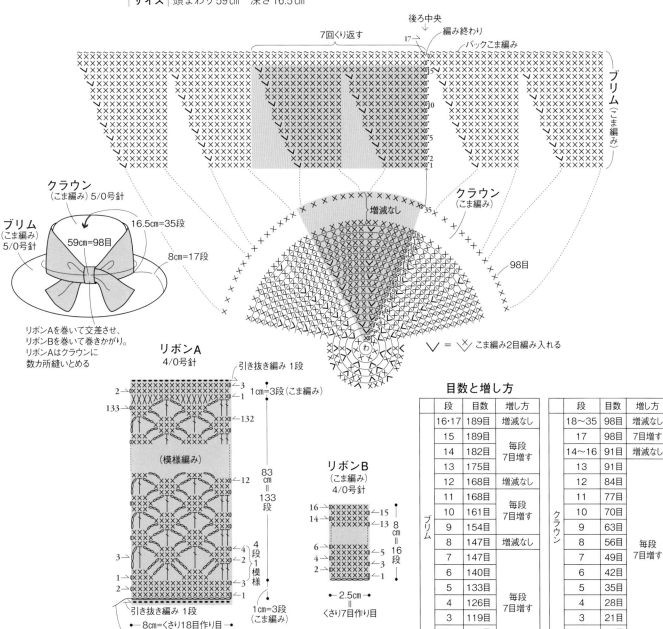

リボンAを巻いて交差させ、
リボンBを巻いて巻きかがり。
リボンAはクラウンに
数カ所縫いとめる

∨ ＝ ∨ こま編み2目編み入れる

目数と増し方

段	目数	増し方
16・17	189目	増減なし
15	189目	毎段7目増す
14	182目	
13	175目	
12	168目	増減なし
11	168目	毎段7目増す
10	161目	
9	154目	
8	147目	増減なし
7	147目	毎段7目増す
6	140目	
5	133目	
4	126目	
3	119目	
2	112目	
1	105目	

（ブリム）

段	目数	増し方
18〜35	98目	増減なし
17	98目	7目増す
14〜16	91目	増減なし
13	91目	毎段7目増す
12	84目	
11	77目	
10	70目	
9	63目	
8	56目	
7	49目	
6	42目	
5	35目	
4	28目	
3	21目	
2	14目	
1	7目編み入れる	

（クラウン）

II バケツ形巾着バッグ Photo_P.14

糸	ハマナカ エコアンダリヤ（40g玉巻）黒（30）110g ハマナカ フラックスC（25g玉巻）ネイビー（7）70g
針	ハマナカアミアミ両かぎ針ラクラク8/0号、10/0号
その他	幅0.5cmの革ひも90cmを2本
ゲージ	模様編み　14目18.5段＝10cm角
サイズ	図参照

編み方 糸はエコアンダリヤとフラックスC各1本の2本引きそろえで、指定の針を使って編みます。
底は糸端を輪にし、こま編みを6目編み入れます。2段めからは図のように増しながら14段めまで編みます。10/0号針にかえ、続けて側面を模様編みで増減なく34段編み、35段めは指定の位置にくさり5目のピコットでひも通しループを編みます。入れ口とひも通しループに引き抜き編みを1段編みます。革ひもを両側から通して端を結びます。

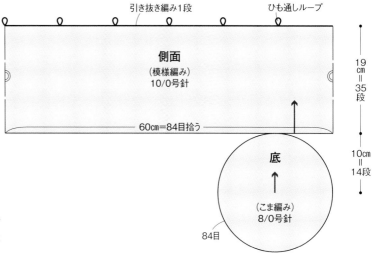

ひも通しループ
（くさり5目のピコット）

側面（模様編み）

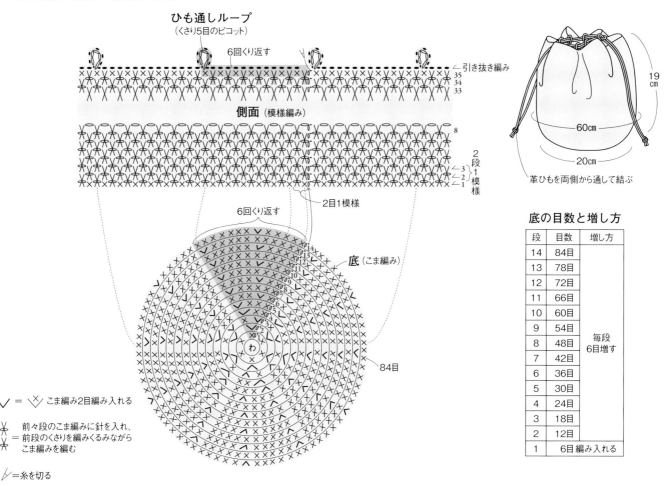

底（こま編み）

∨ ＝ こま編み2目編み入れる

前々段のこま編みに針を入れ、
＝ 前段のくさりを編みくるみながら
こま編みを編む

＝糸を切る

底の目数と増し方

段	目数	増し方
14	84目	
13	78目	
12	72目	
11	66目	
10	60目	
9	54目	毎段 6目増す
8	48目	
7	42目	
6	36目	
5	30目	
4	24目	
3	18目	
2	12目	
1	6目 編み入れる	

08 方眼編みのバッグ Photo_P.10

a

b

| 糸 | ハマナカ エコアンダリヤ（40g玉巻）
aグリーン（17）145g bベージュ（23）145g
| 針 | ハマナカアミアミ両かぎ針ラクラク6/0号
| その他 | レザーだ円底　ベージュ
（15×30cm／H204-618-1）1枚
| ゲージ | 模様編み　1模様（36目）＝18cm、
1模様（10段）＝12.5cm
| サイズ | 入れ口幅36cm　深さ30.5cm

| 編み方 | 糸は1本どりで編みます。
レザー底の穴にこま編みを144目編み入れます。側面は模様編みで増減なく輪に24段編み、続けて入れ口に縁編みを3段編みます。持ち手はくさり70目作り目し、こま編みと引き抜き編みで図のように3段編みます。持ち手を指定の位置に通してとじつけます。

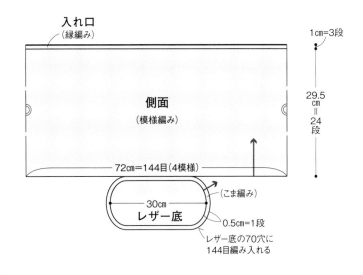

入れ口
（縁編み）

側面
（模様編み）

72cm＝144目（4模様）

1cm＝3段

29.5cm＝24段

（こま編み）

30cm

レザー底

0.5cm＝1段

レザー底の70穴に144目編み入れる

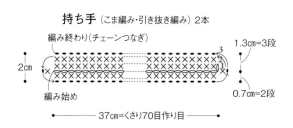

持ち手（こま編み・引き抜き編み）2本

編み終わり（チェーンつなぎ）

2cm

編み始め

1.3cm＝3段

0.7cm＝2段

37cm＝くさり70目作り目

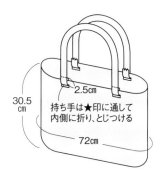

2.5cm

持ち手は★印に通して内側に折り、とじつける

30.5cm

72cm

● レザー底の編みつけ方

1 糸端を10cm残し、レザー底の穴に針を入れて立ち上がりのくさりを編む。

2 同じ穴にこま編みを2目編み入れる。

3 1穴に2目ずつ編み入れる。カーブの4カ所はこま編み3目を編み入れる。

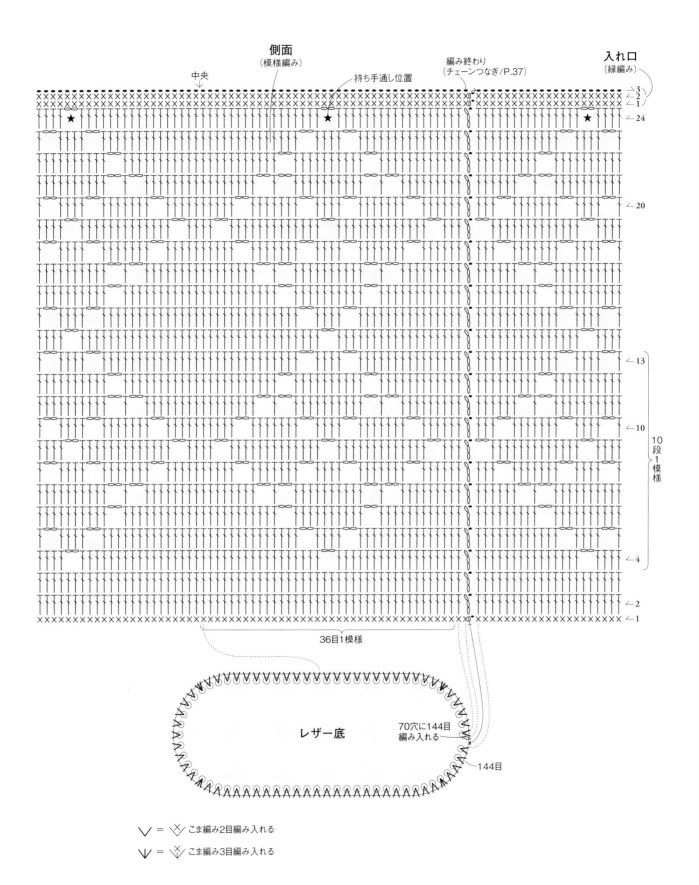

側面
（模様編み）

中央

持ち手通し位置

編み終わり
（チェーンつなぎ/P.37）

入れ口
（縁編み）

→3
→2
→1

←24

←20

←13

←10

10段1模様

←4

←2

←1

36目1模様

レザー底

70穴に144目
編み入れる

144目

∨ = こま編み2目編み入れる

∨ = こま編み3目編み入れる

O9 花模様のバッグ Photo_P.11

| 糸 | ハマナカ エコアンダリヤ（40g玉巻） |

グリーン（17）、オフホワイト（168）各35g

レトログリーン（68）20g

オレンジレッド（164）15g

| 針 | ハマナカアミアミ両かぎ針ラクラク7/0号、5/0号 |

| ゲージ | こま編み　20.5目＝10cm　9段＝4cm |

変わりこま編みの編み込み模様

20.5目16.5段＝10cm角

| サイズ | 入れ口幅29cm　深さ16cm　まち8cm |

底幅20cm

| 編み方 | 糸は1本どりで、指定以外は7/0号針で編みます。底はくさり27目を作り目し、こま編みで図のように増しながら編みます。続けて側面を変わりこま編みの編み込み模様で編みますが、1段めと25段めはこま編みで編みます。25段めまで編んだら糸を休めておき、指定の位置に糸をつけてくさり50目を作り目し、引き抜いてとめます。休めておいた糸で入れ口と持ち手の外側をこま編みで編みます。持ち手の内側は針をかえ、指定の位置に糸をつけてこま編みで編みます。

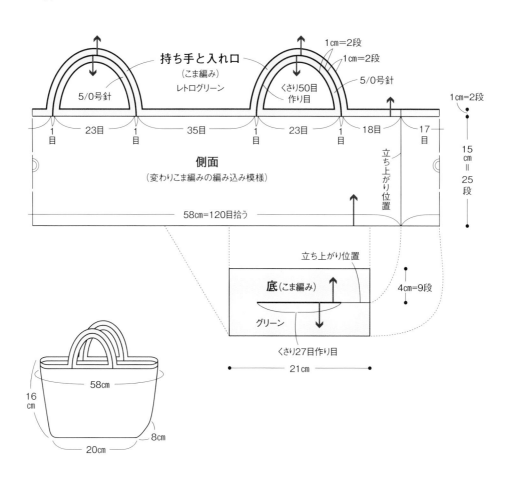

● 表側

● 裏側

※編み地が斜行しないように左上に引っぱり気味に編む

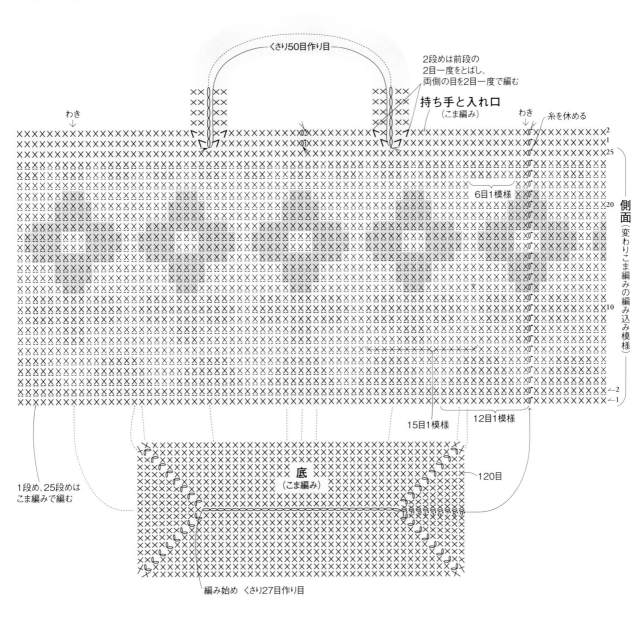

くさり50目作り目

2段めは前段の
2目一度をとばし、
両側の目を2目一度で編む

持ち手と入れ口
(こま編み)

わき

わき 糸を休める

6目1模様

側面(変わりこま編みの編み込み模様)

25

20

10

1段め、25段めは
こま編みで編む

15目1模様   12目1模様

底
(こま編み)

120目

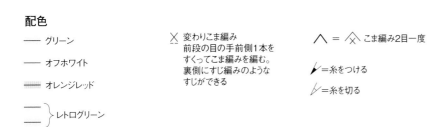

編み始め くさり27目作り目

配色

—— グリーン

—— オフホワイト

░░ オレンジレッド

—— } レトログリーン

✕ 変わりこま編み
前段の目の手前側1本を
すくってこま編みを編む。
裏側にすじ編みのような
すじができる

⋀ = ⋀ こま編み2目一度

↗ =糸をつける

↗ =糸を切る

IO ポークパイハット Photo_P.12

a 大人用

b 子ども用

糸｜ハマナカ エコアンダリヤ（40g玉巻）
ベージュ（23）a 155g b115g

針｜ハマナカアミアミ両かぎ針ラクラク5/0号

その他｜グログランリボンa 幅4cmのオフホワイト
150cm b 幅3cmのこげ茶135cm

ゲージ｜こま編み　21目23段＝10cm角

サイズ｜a 頭まわり57cm　深さ9cm
b 頭まわり53cm　深さ8cm

編み方｜糸は1本どりで編みます。
糸端を輪にし、こま編みを8目編み入れます。2段めからは立ち上がりをつけずにぐるぐると図のように増しながら指定の段数を編み、縁のくぼみを編みます。続けてサイドを増減なく編み、引き抜き編みを1段編みます。引き抜き編みの目を拾ってブリムを図のように編み、リボンを巻きます。

[ ]内はb子ども用。指定以外は共通

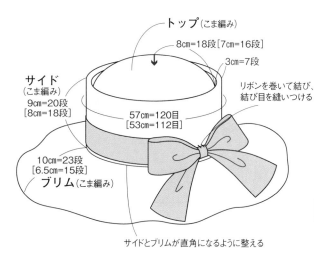

トップ（こま編み）
8cm=18段[7cm=16段]
3cm=7段
サイド（こま編み）9cm=20段[8cm=18段]
57cm=120目 [53cm=112目]
リボンを巻いて結び、結び目を縫いつける
10cm=23段[6.5cm=15段]
ブリム（こま編み）
サイドとブリムが直角になるように整える

● トップの縁のくぼみ

トップの縁のくぼみの編み方

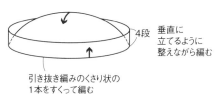

4段　垂直に立てるように整えながら編む
引き抜き編みのくさり状の1本をすくって編む

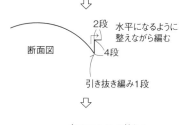

断面図
2段　水平になるように整えながら編む
4段
引き抜き編み1段

角はアイロンで整える
サイドを垂直に編む

実際には下図のように、なだらかな編み上がりになる

aの目数と増し方

	段	目数	増し方
ブリム	23	256目	増減なし
	22	256目	8目増す
	21	248目	増減なし
	20	248目	毎段8目増す
	19	240目	
	18	232目	
	17	224目	増減なし
	16	224目	毎段8目増す
	15	216目	
	14	208目	
	13	200目	増減なし
	12	200目	毎段8目増す
	11	192目	
	10	184目	
	9	176目	増減なし
	8	176目	毎段8目増す
	7	168目	
	6	160目	
	5	152目	増減なし
	4	152目	毎段8目増す
	3	144目	
	2	136目	
	1	128目	
	引き抜き編み1段		増減なし
サイド	1～20	120目	増減なし
	7	120目	毎段8目増す
	6	112目	
	1～5	104目	増減なし
	18	104目	
	17	104目	8目増す
	16	96目	増減なし
	15	96目	毎段8目増す
	14	88目	
	13	80目	増減なし
	12	80目	毎段8目増す
	11	72目	
	10	64目	増減なし
	9	64目	毎段8目増す
トップ	8	56目	
	7	48目	
	6	40目	増減なし
	5	40目	毎段8目増す
	4	32目	
	3	24目	
	2	16目	
	1	8目編み入れる	

[a 大人用]

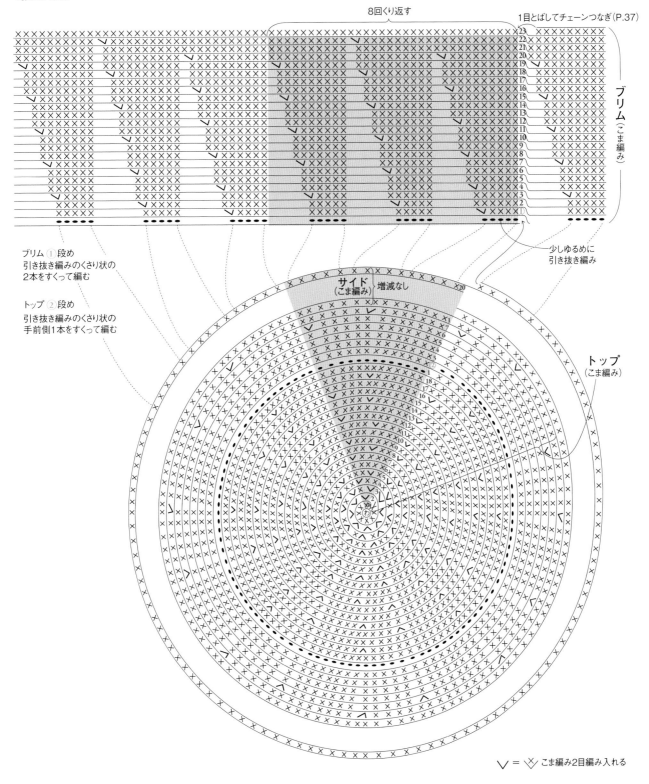

8回くり返す

1目とばしてチェーンつなぎ(P.37)

ブリム
(こま編み)

トップ
(こま編み)

ブリム ① 段め
引き抜き編みのくさり状の
2本をすくって編む

トップ ② 段め
引き抜き編みのくさり状の
手前側1本をすくって編む

少しゆるめに
引き抜き編み

サイド
(こま編み) 増減なし

$\vee$ = $\overset{\times}{\vee}$ こま編み2目編み入れる

55

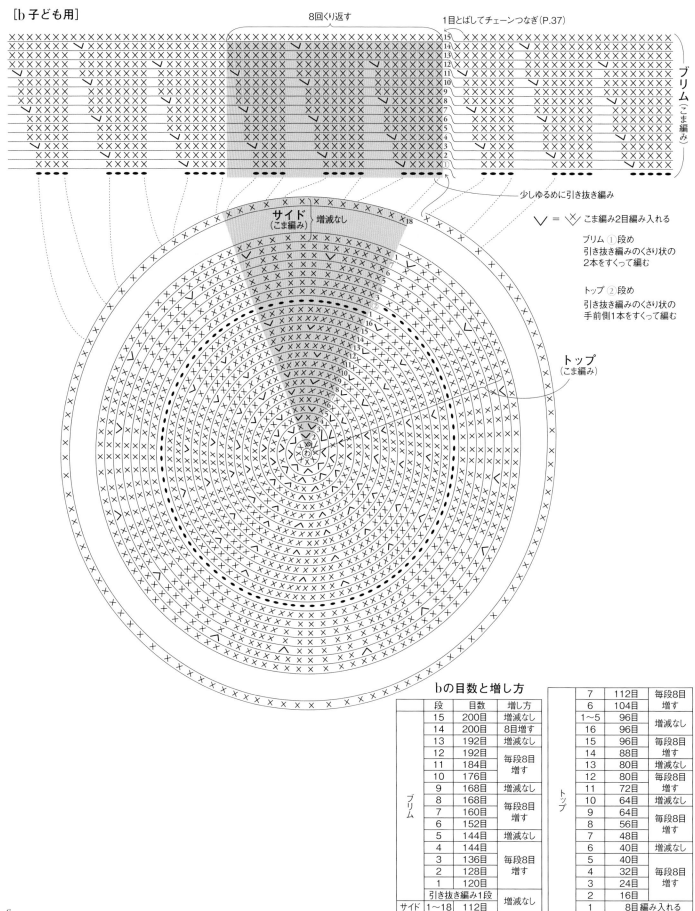

[b 子ども用]

8回くり返す

1目とばしてチェーンつなぎ(P.37)

ブリム(こま編み)

少しゆるめに引き抜き編み

∨ = ✕ こま編み2目編み入れる

ブリム①段め
引き抜き編みのくさり状の2本をすくって編む

トップ②段め
引き抜き編みのくさり状の手前側1本をすくって編む

トップ(こま編み)

サイド(こま編み) 増減なし

bの目数と増し方

	段	目数	増し方
ブリム	15	200目	増減なし
	14	200目	8目増す
	13	192目	増減なし
	12	192目	毎段8目増す
	11	184目	
	10	176目	
	9	168目	増減なし
	8	168目	毎段8目増す
	7	160目	
	6	152目	
	5	144目	増減なし
	4	144目	毎段8目増す
	3	136目	
	2	128目	
	1	120目	
	引き抜き編み1段		増減なし
サイド	1~18	112目	増減なし

	段	目数	増し方
	7	112目	毎段8目増す
	6	104目	
	1~5	96目	増減なし
トップ	16	96目	毎段8目増す
	15	96目	
	14	88目	
	13	80目	増減なし
	12	80目	毎段8目増す
	11	72目	
	10	64目	増減なし
	9	64目	毎段8目増す
	8	56目	
	7	48目	
	6	40目	増減なし
	5	40目	毎段8目増す
	4	32目	
	3	24目	
	2	16目	
	1	8目編み入れる	

12 ワンショルダーバッグ Photo_P.15

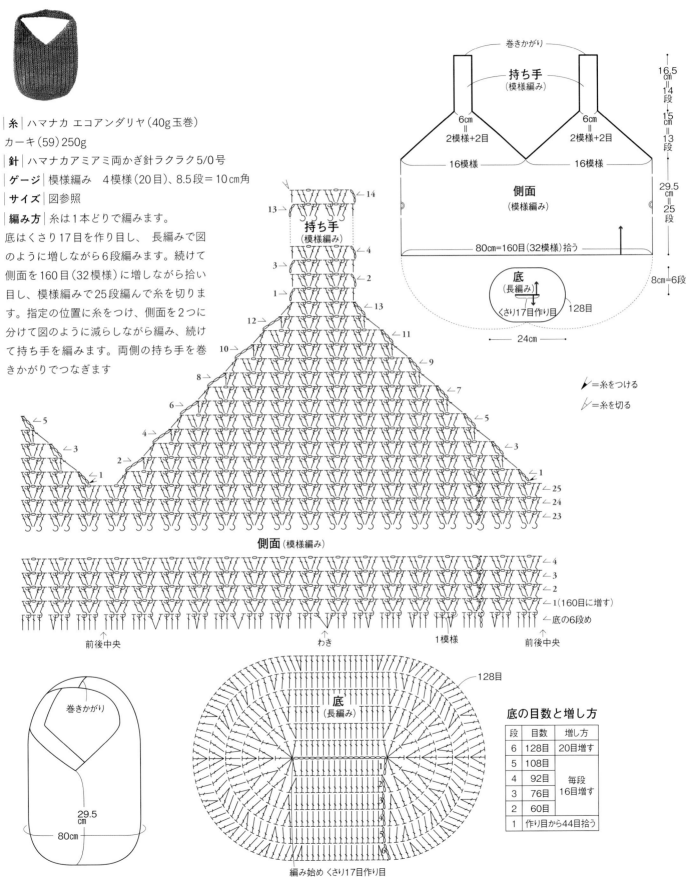

| 糸 | ハマナカ エコアンダリヤ（40g玉巻）
カーキ（59）250g
| 針 | ハマナカアミアミ両かぎ針ラクラク5/0号
| ゲージ | 模様編み　4模様（20目）、8.5段＝10cm角
| サイズ | 図参照
| 編み方 | 糸は1本どりで編みます。

底はくさり17目を作り目し、長編みで図のように増しながら6段編みます。続けて側面を160目（32模様）に増しながら拾い目し、模様編みで25段編んで糸を切ります。指定の位置に糸をつけ、側面を2つに分けて図のように減らしながら編み、続けて持ち手を編みます。両側の持ち手を巻きかがりでつなぎます

巻きかがり

持ち手
（模様編み）

6cm＝
2模様+2目

6cm＝
2模様+2目

16模様　　　　16模様

側面
（模様編み）

80cm=160目（32模様）拾う

底
（長編み）

くさり17目作り目　128目

24cm

16.5cm＝14段

15cm＝13段

29.5＝25段

8cm=6段

持ち手
（模様編み）

↙=糸をつける

↙=糸を切る

側面（模様編み）

前後中央　　　　わき　　　1模様　　　前後中央

1（160目に増す）

底の6段め

128目

底
（長編み）

巻きかがり

29.5cm

80cm

編み始め くさり17目作り目

底の目数と増し方

段	目数	増し方
6	128目	20目増す
5	108目	毎段16目増す
4	92目	
3	76目	
2	60目	
1	作り目から44目拾う	

13 ボタニカル柄のバッグ Photo_P.16

| 糸 | aハマナカ エコアンダリヤ(40g玉巻)
レトロブルー(66)255g
ハマナカ コットングラス(25g玉巻)
白(201)110g
bハマナカ エコアンダリヤ(40g玉巻)
ベージュ(23)215g

| 針 | ハマナカアミアミ両かぎ針a 8/0号 b 6/0号
| ゲージ | ①模様編み a8段=9.5cm b8段=8.5cm
②模様編み a1模様(12目)=7.5cm 17段=10cm
b1模様(12目)=5.5cm 21段=10cm
| サイズ | 図参照

| 編み方 | 糸はaはエコアンダリヤとコットングラスの2本引きそろえ、bは1本どりで編みます。
底は糸端を輪にし、こま編みを8目編み入れます。2段めからは①模様編みで図のように増しながら8段めまで編みます。続けて側面を図のように増しながら②模様編みで毎段編み方向をかえながら8段編みます。図の指定の位置に糸をつけ直し、②模様編みで増減なく41段編みます。入れ口にはこま編みを4段編み、裏側から引き抜き編みを1段編みます。持ち手はくさり90目を作り目し、③模様編みで編みます。同様にもう1本編み、指定の位置に縫いつけます。

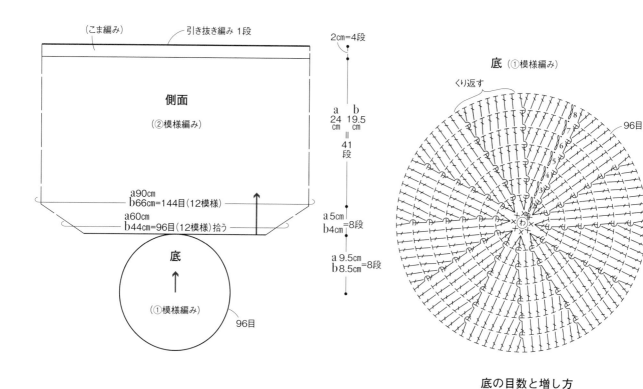

側面
(②模様編み)

(こま編み)
引き抜き編み 1段

2cm=4段

a 24cm b 19.5cm = 41段

a90cm
b66cm=144目(12模様)
a60cm
b44cm=96目(12模様)拾う

a5cm b4cm=8段
a9.5cm b8.5cm=8段

底
(①模様編み)
96目

底(①模様編み)
くり返す
96目
(わ)

底の目数と増し方

段	目数	増し方
8	96目	
7	84目	
6	72目	毎段12目増す
5	60目	
4	48目	
3	36目	
2	24目	16目増す
1	8目編み入れる	

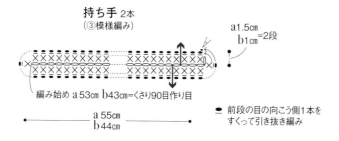

持ち手 2本
(③模様編み)

a1.5cm b1cm=2段

編み始め a53cm b43cm=くさり90目作り目

a 55cm
b 44cm

● 前段の目の向こう側1本をすくって引き抜き編み

側面
（②模様編み）

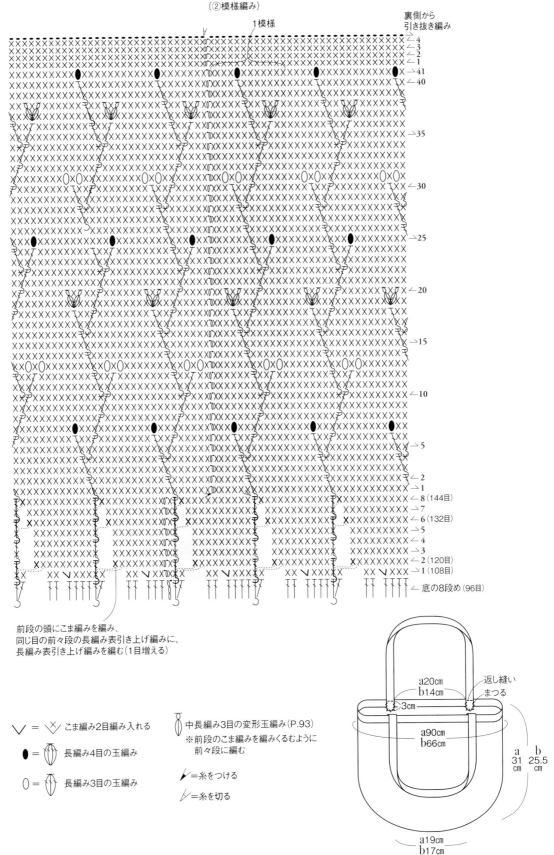

1模様

裏側から
引き抜き編み

前段の頭にこま編みを編み、
同じ目の前々段の長編み表引き上げ編みに、
長編み表引き上げ編みを編む（1目増える）

∨ = こま編み2目編み入れる

● = 長編み4目の玉編み

○ = 長編み3目の玉編み

中長編み3目の変形玉編み（P.93）
※前段のこま編みを編みくるむように
前々段に編む

＝糸をつける

＝糸を切る

a20cm
b14cm
3cm
返し縫い
まつる
a90cm
b66cm
a19cm
b17cm
a 31 cm　b 25.5 cm

I4 カンカン帽 Photo_P.I8

| 糸 | ハマナカ エコアンダリヤ（40g玉巻）
サンドベージュ（169）110g
| 針 | ハマナカアミアミ両かぎ針ラクラク6/0号
| その他 | 幅3.5cmのグログランリボン　黒100cm
| ゲージ | こま編み　19目20段＝10cm角
| サイズ | 頭まわり58cm　深さ9.5cm

| 編み方 | 糸は1本どりで編みます。
トップはくさり5目を作り目してくさりの両側から14目拾い、図のように増しながらこま編みで16段編みます。続けてサイドを模様編みで21段編みます。さらに続けてブリムを図のように増しながら13段、縁編みを1段編みます。編み終わりはチェーンつなぎにします。グログランリボンを図のように形作り、サイドに巻いてまつりつけます。

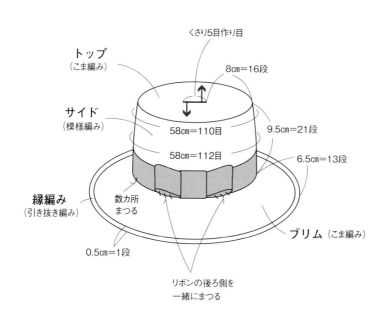

目数と増し方

	段	目数	増し方
縁編み	1	182目	増減なし
ブリム	12・13		
	11	182目	14目増す
	9・10	168目	増減なし
	8	168目	14目増す
	6・7	154目	増減なし
	5	154目	14目増す
	3・4	140目	増減なし
	2	140目	毎段
14目増す
	1	126目	
サイド	15～21	112目	増減なし
	5～14	図参照	7模様
	4	112目	2目増す
	1～3	110目	増減なし
トップ	16	110目	毎段
8目増す
	15	102目	
	14	94目	
	13	86目	増減なし
	12	86目	毎段
8目増す
	11	78目	
	10	70目	
	9	62目	増減なし
	8	62目	毎段
8目増す
	7	54目	
	6	46目	
	5	38目	増減なし
	4	38目	毎段
8目増す
	3	30目	
	2	22目	
	1	くさりの両側から
14目拾う	

リボンの作り方

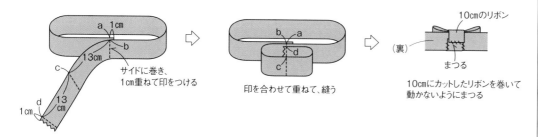

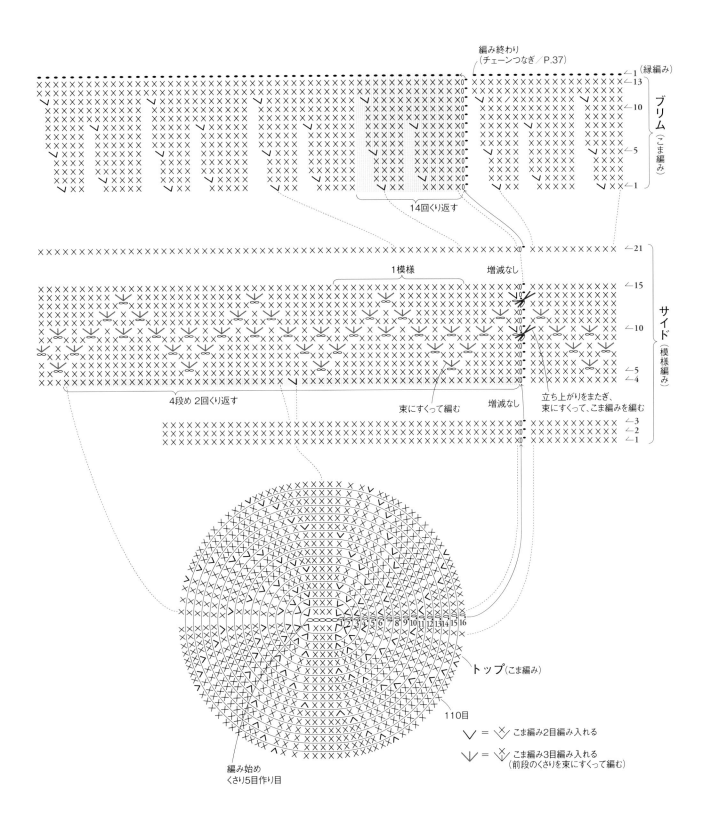

編み終わり
(チェーンつなぎ／P.37)

←1 (縁編み)

←13

ブリム
（こま編み）

←10

←5

←1

14回くり返す

×0

←21

1模様

増減なし

←15

←10

サイド
（模様編み）

←5
←4

4段め 2回くり返す

束にすくって編む

増減なし

立ち上がりをまたぎ、
束にすくって、こま編みを編む

←3
←2
←1

トップ(こま編み)

110目

編み始め
くさり5目作り目

$\vee$ = こま編み2目編み入れる

$\vee\!\!\vee$ = こま編み3目編み入れる
（前段のくさりを束にすくって編む）

61

I5 フリルバッグ Photo_P.I9

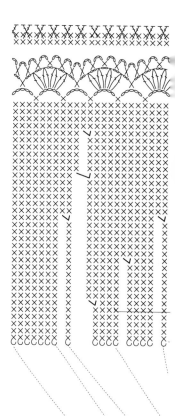

糸	ハマナカ エコアンダリヤ（40g玉巻）

からし色（139）200g

針	ハマナカアミアミ両かぎ針ラクラク6/0号
ゲージ	こま編み　16目18段＝10cm角（持ち手を除く）
サイズ	図参照
編み方	糸は1本どりで編みます。

底はくさり28目を作り目し、こま編みで図のように増しながら編みます。続けて側面をこま編みで編みますが、1段めはこま編み裏引き上げ編みで編みます。図のように両わきで増しながら34段編んだら編み方向を逆にしてフリルを編みます。フリルを表側に倒し、入れ口を②模様編みで編みます。持ち手はくさり9目を作り目し、こま編みで増減なく67段編み、両側の10段ずつを残して巻きかがります。もう1本同じものを編み、指定の位置に縫いつけます。

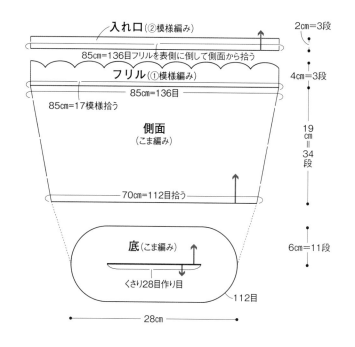

入れ口（②模様編み）

85cm＝136目フリルを表側に倒して側面から拾う

フリル（①模様編み）

85cm＝136目

85cm＝17模様拾う

側面
（こま編み）

70cm＝112目拾う

底（こま編み）

くさり28目作り目

112目

28cm

2cm＝3段

4cm＝3段

19cm＝34段

6cm＝11段

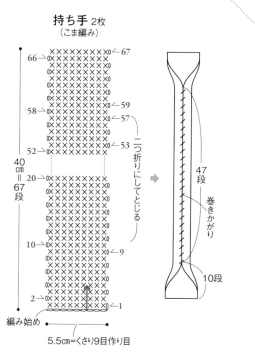

持ち手 2枚
（こま編み）

66

58

52

20

10

2

67

59

57

53

9

1

40cm＝67段

編み始め

5.5cm＝くさり9目作り目

二つ折りにしてとじる

47段

巻きかがり

10段

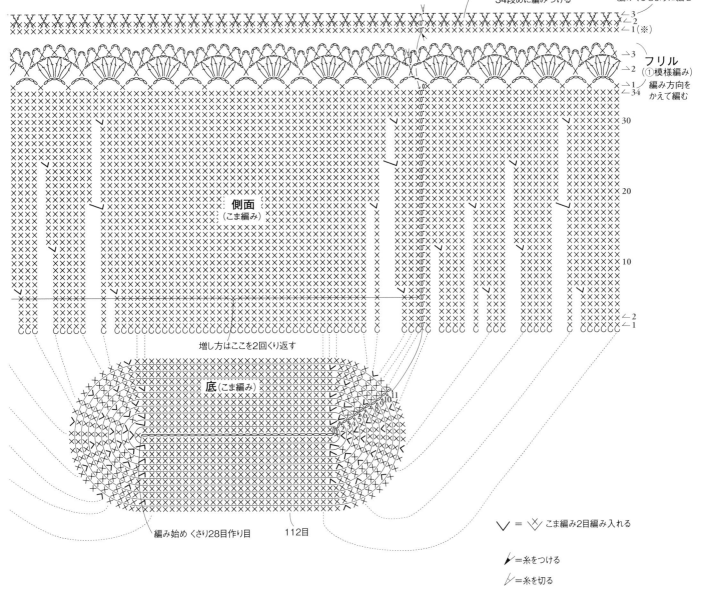

入れ口（②模様編み）
※フリルを表側に倒し、側面の
34段めに編みつける

1段めに針を
入れ、2段めを
編みくるむように編む

フリル（①模様編み）
編み方向を
かえて編む

側面（こま編み）

増し方はここを2回くり返す

底（こま編み）

編み始め くさり28目作り目

112目

∨ = こま編み2目編み入れる

↗ = 糸をつける

↗ = 糸を切る

底と側面の目数と増し方

	段	目数	増し方
側面	31～34	136目	増減なし
	30	136目	4目増す
	25～29	132目	増減なし
	24	132目	4目増す
	19～23	128目	増減なし
	18	128目	6目増す
	13～17	122目	増減なし
	12	122目	4目増す
	7～11	118目	増減なし
	6	118目	6目増す
	1～5	112目	増減なし

	段	目数	増し方
底	11	112目	毎段6目増す
	10	106目	
	9	100目	増減なし
	8	100目	
	7	94目	毎段6目増す
	6	88目	
	5	82目	
	4	76目	
	3	70目	
	2	64目	
	1	作り目の両側から58目拾う	

返し縫い
まつる
15cm
21cm
28cm
12cm

16 こま編みのトートバッグ Photo_P.20

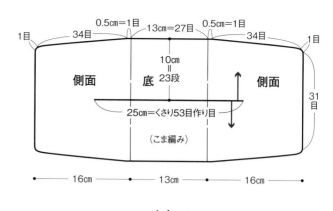

|糸| ハマナカ エコアンダリヤ（40g玉巻）
ベージュ（23）180g
|針| ハマナカアミアミ両かぎ針ラクラク5/0号
|ゲージ| こま編み　21目23段＝10cm角
|サイズ| 図参照
|編み方| 糸は1本どりで編みます。

まちはくさり8目を作り目し、こま編みで図のように増しながら編みます。もう1枚同じものを編みます。側面と底は続けてくさり53目を作り目し、一度糸を切ります。作り目の中央に糸をつけ、こま編みで図のように増しながら編みます。続けて側面と底、まちを外表に合わせ、引き抜き編みでとじ合わせますが、途中で持ち手の作り目をします。さらに続けて縁まわりと持ち手を拾い目し、こま編みで6段編みます。縁まわりと持ち手を二つ折りにし、側面と底、まちをとじ合わせた引き抜き編みの位置に重ねて引き抜き編みをしてとじ合わせます。

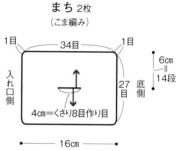

まち 2枚
（こま編み）

まち

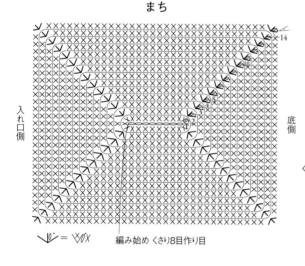

▽⌒ ＝ Ⅴ＼Ⅹ

編み始め くさり8目作り目

側面と底、まちの合わせ方

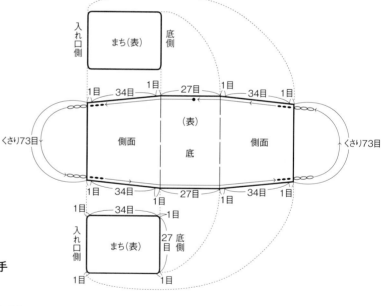

針の入れ方

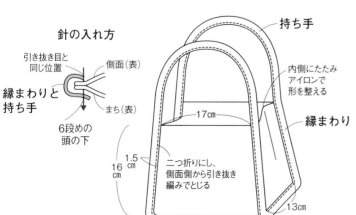

縁まわりと持ち手

引き抜き目と
同じ位置

側面（表）
まち（表）

6段めの
頭の下

持ち手

内側にたたみ
アイロンで
形を整える

縁まわり

17cm
1.5cm
16cm
二つ折りにし、
側面側から引き抜き
編みでとじる
13cm
20cm

縁まわりと持ち手 （こま編み）

3cm＝6段

― 底と側面、作り目から344目輪に拾う ― ●●●

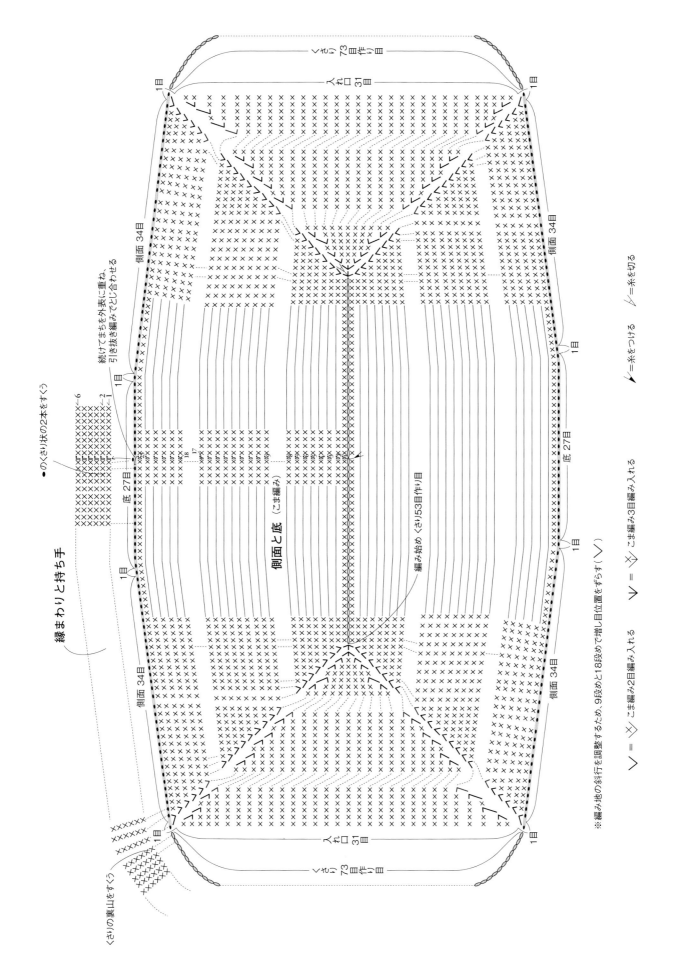

縁まわりと持ち手

●=のくさり状の2本をすくう

続けてまちを外表に重ね、引き抜き編みでとじ合わせる

くさりの裏山をすくう

側面と底 (こま編み)

編み始め くさり53目作り目

側面 34目

底 27目

側面 34目

底 27目

1目

1目

くさり73目作り目

入れ口31目

1目

1目

くさり73目作り目

入れ口31目

1目

1目

1目

18
17
6
2
1

※編み地の斜行を調整するため、9段めと18段めで増し目位置をずらす（∨）

∨ = ⊻ こま編み2目編み入れる　　∨ = ⊻ こま編み3目編み入れる

∨ = ⊻ こま編み3目編み入らず（∨）

⊿ = 糸をつける　　⊿ = 糸を切る

I7 ネットバッグ Photo_P.2I

| 糸 | ハマナカ エコアンダリヤ（40g玉巻）レッド（7）150g

| 針 | ハマナカアミアミ両かぎ針ラクラク6/0号

| ゲージ | ネット編み　3山＝7.5cm　7段（くさり5目のネット編み）＝10cm

| サイズ | 図参照

編み方 | 糸は1本どりで編みます。

本体はくさり79目を作り目し、ネット編みで増減なく57段編みますが、1・2段めと55〜57段めはネットのくさり目数が違うので注意します。編み地の両わきにこま編みを編んで二つ折りにして巻きかがり、入れ口にします。縁編みと持ち手を続けてぐるりと編み、二つ折りして巻きかがります。

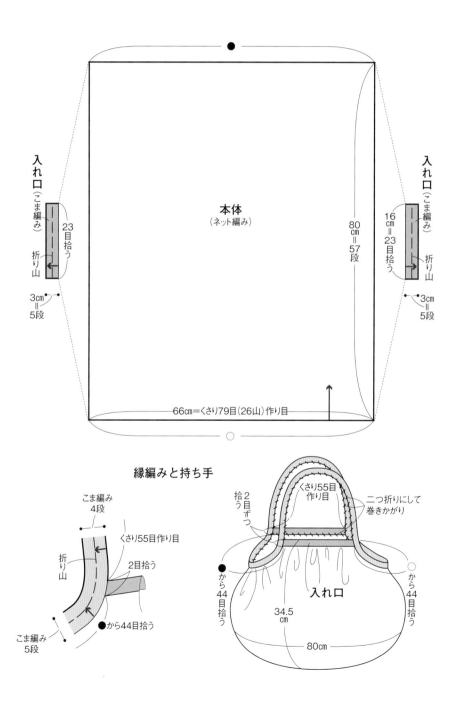

本体
（ネット編み）

入れ口（こま編み）

23目拾う

折り山

3cm＝5段

80cm＝57段

16cm＝23目拾う

66cm＝くさり79目（26山）作り目

縁編みと持ち手

こま編み4段

折り山

くさり55目作り目

2目拾う

●から44目拾う

こま編み5段

拾2目ずつ

くさり55目作り目

二つ折りにして巻きかがり

●から44目拾う

入れ口

34.5cm

80cm

○から44目拾う

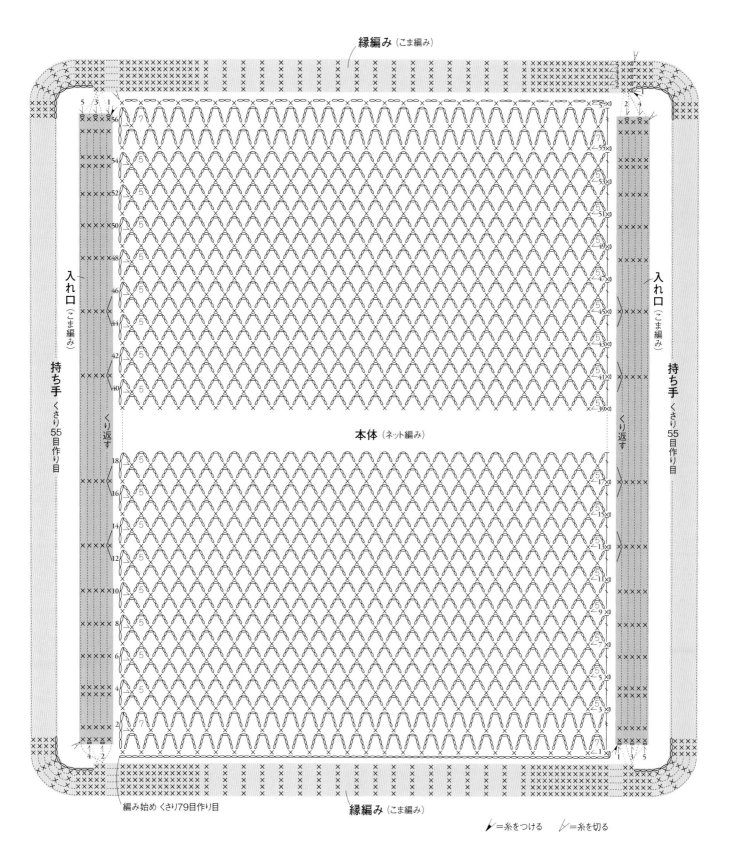

縁編み（こま編み）

入れ口（こま編み）

持ち手 くさり55目作り目

くり返す

本体（ネット編み）

編み始め くさり79目作り目

縁編み（こま編み）

= 糸をつける   = 糸を切る

糸	ハマナカ エコアンダリヤ《クロッシェ》(30g玉巻) サンドベージュ (802) 60g
針	ハマナカアミアミ両かぎ針ラクラク4/0号
ゲージ	こま編みのすじ編み　21.5目21段＝10cm角
サイズ	頭まわり56cm　深さ18.5cm

編み方 糸は1本どりで編みます。

クラウンは糸端を輪にし、こま編みを8目編み入れます。2段めからは図のように増しながらこま編みのすじ編みで39段めまで編みます。続けてブリムを図のように増しながらこま編みのすじ編みで11段編みます。縁編みは編み方向をかえ、ブリムの11段めと10段めの残った半目からそれぞれ目を拾って編みつけます。

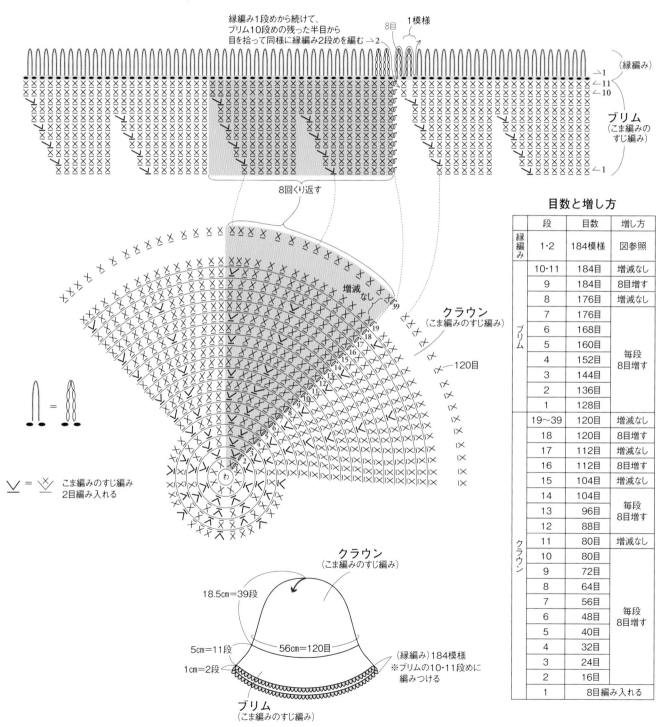

縁編み1段めから続けて、ブリム10段めの残った半目から目を拾って同様に縁編み2段めを編む →2

8目　1模様

（縁編み）

←1
←11
←10

ブリム（こま編みのすじ編み）

←1

8回くり返す

増減なし 39

クラウン（こま編みのすじ編み）

18
19
17
16
15
14
13
12
11
10
9
8
7
6
5
4
3
2
1
わ

120目

∨ = ⅩⅩ こま編みのすじ編み 2目編み入れる

目数と増し方

	段	目数	増し方
縁編み	1・2	184模様	図参照
ブリム	10・11	184目	増減なし
	9	184目	8目増す
	8	176目	増減なし
	7	176目	毎段8目増す
	6	168目	
	5	160目	
	4	152目	
	3	144目	
	2	136目	
	1	128目	
クラウン	19〜39	120目	増減なし
	18	120目	8目増す
	17	112目	増減なし
	16	112目	8目増す
	15	104目	増減なし
	14	104目	毎段8目増す
	13	96目	
	12	88目	
	11	80目	増減なし
	10	80目	毎段8目増す
	9	72目	
	8	64目	
	7	56目	
	6	48目	
	5	40目	
	4	32目	
	3	24目	
	2	16目	
	1	8目編み入れる	

クラウン（こま編みのすじ編み）

18.5cm＝39段

5cm＝11段
1cm＝2段

56cm＝120目

（縁編み）184模様
※ブリムの10・11段めに編みつける

ブリム（こま編みのすじ編み）

26 ワンマイルバッグ Photo_P.30

| 糸 | ハマナカ エコアンダリヤ（40g玉巻） |
ナチュラル（42）110g 黒（30）20g
| 針 | ハマナカアミアミ両かぎ針ラクラク5/0号
| ゲージ | こま編み　19.5目19段＝10cm角
| サイズ | 幅21cm　深さ13.5cm　まち9cm
| 編み方 | 糸は1本どりで編みます。

側面はくさり41目を作り目し、こま編みで26段編みます。同様にもう1枚
編みます。ポケットはくさり41目を作り目し、こま編みで20段編みますが、
20段めは黒で編みます。まちはくさり18目を作り目し、こま編みで92段編
みます。持ち手はくさり50目作り目し、こま編みで3段編みます。もう1本
同じものを編みます。ポケットを側面の1枚に重ね、中央を黒で引き抜き編
みをしてとめつけます。側面とまちを外表に合わせ、側面側からこま編みで
とじ合わせます。持ち手をとめつけます。

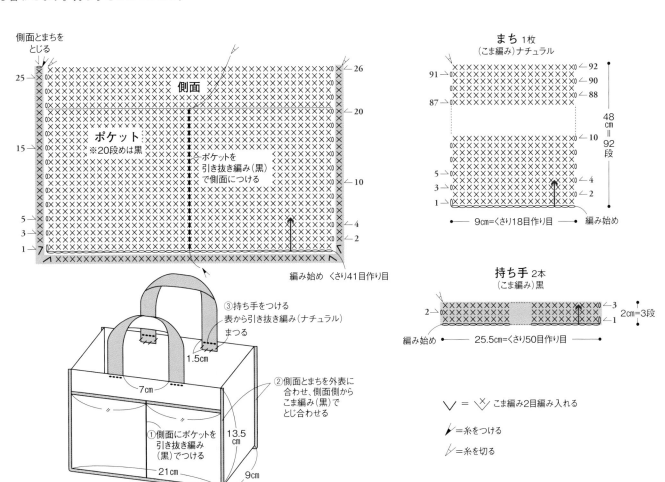

69

19 花モチーフのバッグ Photo_P.23

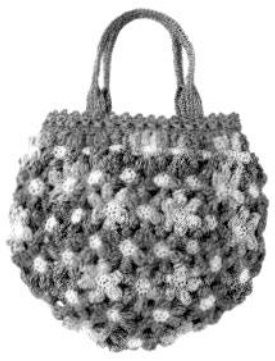

|糸| ハマナカ エコアンダリヤ(40g玉巻)
カーキ(59)65g　オフホワイト(168)60g
ライムイエロー(19)45g
オリーブグリーン(61)、ダークオレンジ(69)
各40g
|針| ハマナカアミアミ両かぎ針ラクラク5/0号
|ゲージ| モチーフの大きさ…
基本のモチーフ5.5㎝×5㎝
変形モチーフ4.5㎝×4.5㎝
|サイズ| 図参照

|編み方| 糸は1本どりで編みます。
モチーフは糸端を輪にし、指定の配色で図のように編みます。2枚めからは3段めで編みつなぎながら編みますが、㉒からは変形モチーフが入るので注意します。指定の配置に編みつないだら、⑳のモチーフに糸をつけ、入れ口を模様編みで編みます。持ち手はくさり80目を作り目し、こま編みで増減なく5段編みます。外表に二つ折りにし、両側の15目ずつを残し、中央部を引き抜き編みでとじます。同様にもう1本編み、入れ口の内側にとじつけます。

基本のモチーフ 85枚
A〜D

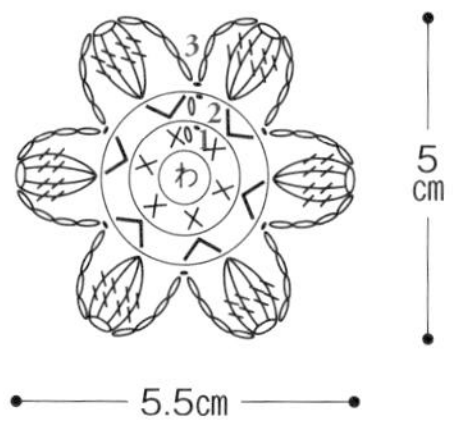

わ
1
2
3
5 cm
5.5cm

変形モチーフ 6枚
B'〜D'

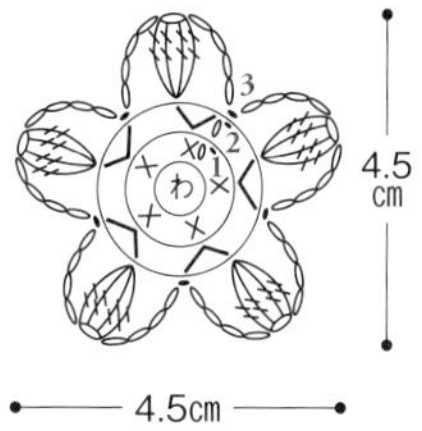

わ
1
2
3
4.5 cm
4.5cm

＝ こま編み2目編み入れる

＝P.93の「長編み5目のパプコーン」の要領で、長々編みを4目を編む

モチーフの配色と枚数

	1・2段め	3段め	枚数
A	オフホワイト	ダークオレンジ	21枚
B		カーキ	19枚
C		ライムイエロー	23枚
D		オリーブグリーン	22枚
B'		カーキ	3枚
C'		ライムイエロー	1枚
D'		オリーブグリーン	2枚

寸法配置図

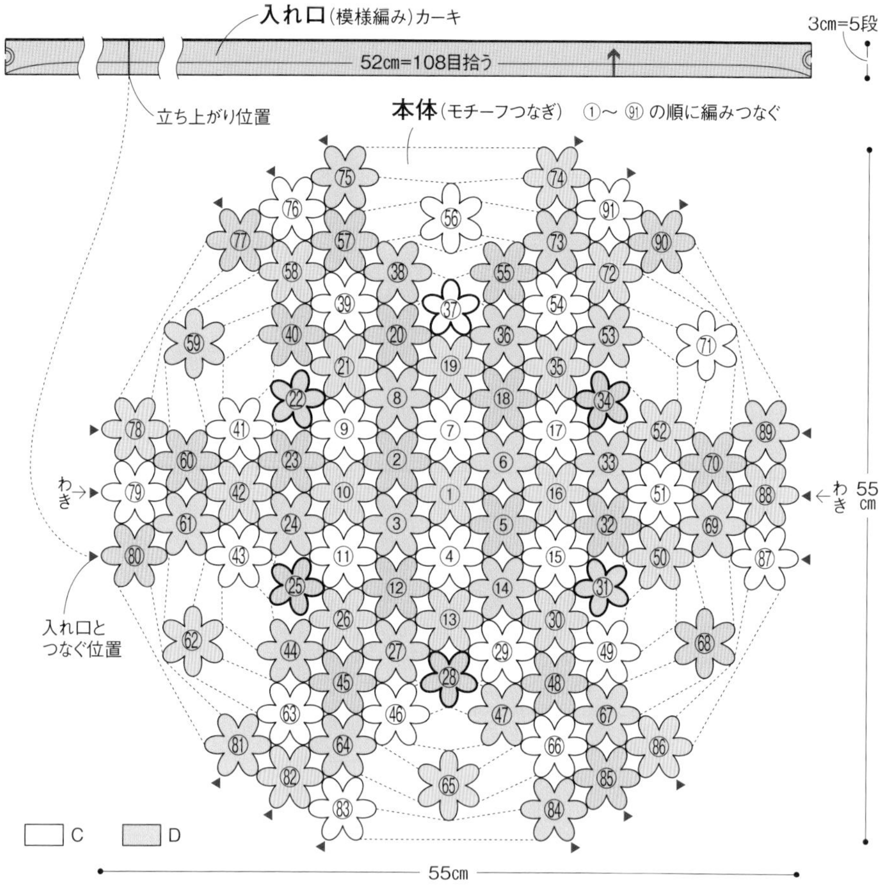

入れ口(模様編み)カーキ
3cm=5段
52cm=108目拾う
立ち上がり位置
本体(モチーフつなぎ) ①〜 ⑨① の順に編みつなぐ
わき
55cm
入れ口とつなぐ位置
A
B
C
D
55cm

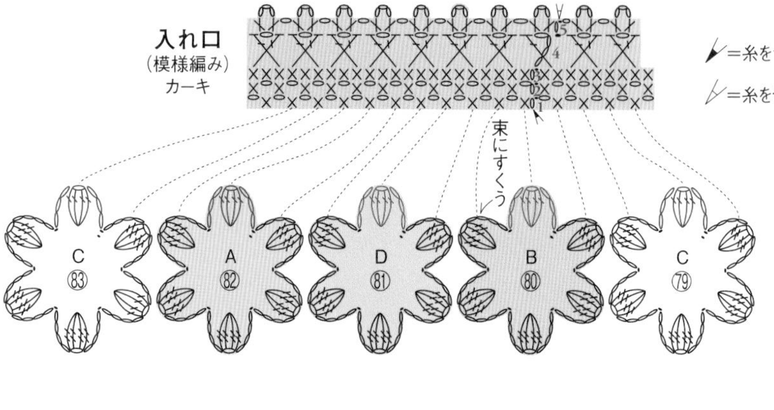

入れ口
(模様編み)
カーキ
束にすくう
C
A
D
B
C

＝糸をつける

＝糸を切る

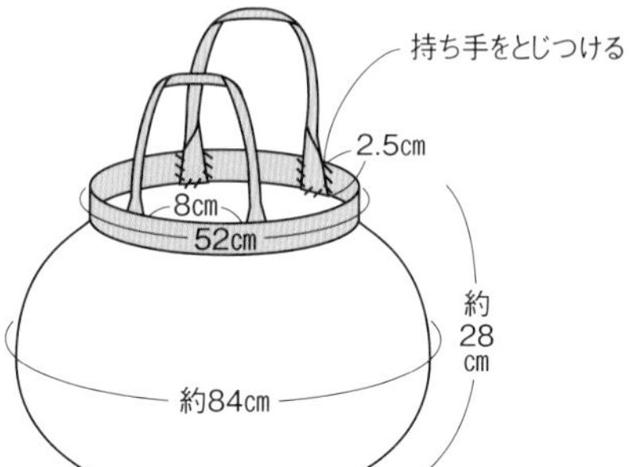

持ち手をとじつける
2.5cm
8cm
52cm
約28cm
約84cm

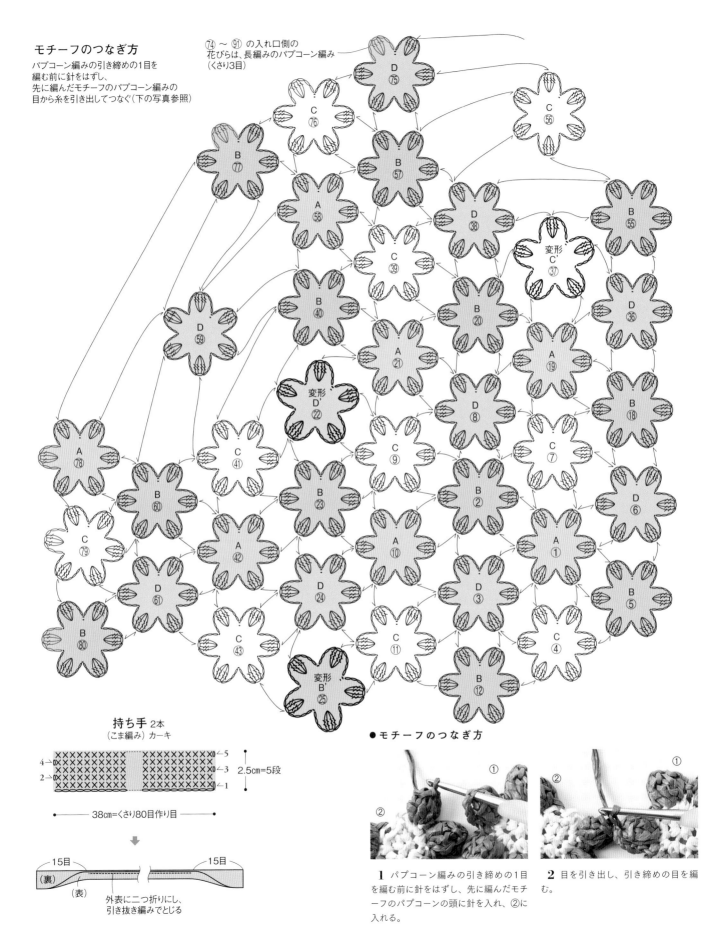

モチーフのつなぎ方

パプコーン編みの引き締めの1目を
編む前に針をはずし、
先に編んだモチーフのパプコーン編みの
目から糸を引き出してつなぐ(下の写真参照)

⑦④～⑨①の入れ口側の
花びらは、長編みのパプコーン編み
(くさり3目)

持ち手 2本
(こま編み) カーキ

4→
2→

5
3
1

2.5cm=5段

●—— 38cm=くさり80目作り目 ——●

15目   15目

(裏)

(表)
外表に二つ折りにし、
引き抜き編みでとじる

●モチーフのつなぎ方

①
②

1 パプコーン編みの引き締めの1目
を編む前に針をはずし、先に編んだモ
チーフのパプコーンの頭に針を入れ、②に
入れる。

②
①

2 目を引き出し、引き締めの目を編
む。

71

20 サークルバッグ Photo_P.24

糸	ハマナカ エコアンダリヤ（40g玉巻）

カーキ（59）310g

針	ハマナカアミアミ両かぎ針ラクラク5/0号
ゲージ	長編み表引き上げ編み　1段＝0.8cm

こま編み　22目＝10cm　11段＝5cm

サイズ	直径31cm　まち5cm

編み方 糸は1本どりで編みます。

側面は糸端を輪にし、こま編みとくさり編みで8模様編み入れます。2段めからは図のように増しながら20段めまで編みます。同じものをもう1枚編みます。まちはくさり163目を作り目し、こま編みで増減なく11段編みます。持ち手はくさり122目を作り目し、こま編みと引き抜き編みで図のように増しながら編みます。同じものをもう1本編みます。側面とまちを外表に合わせ、まち側を見て引き抜き編みではぎ合わせます。このとき、入れ口にも続けて引き抜き編みを編みます。持ち手を指定の位置に縫いつけます。

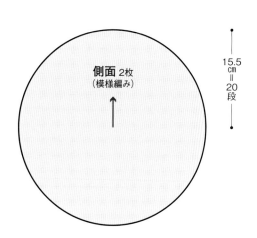

側面 2枚
（模様編み）

15.5
cm
＝
20
段

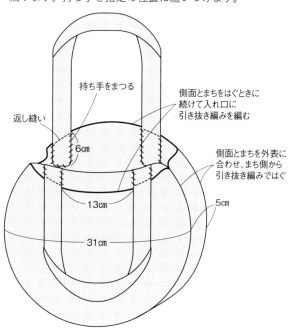

持ち手をまつる

返し縫い

側面とまちをはぐときに
続けて入れ口に
引き抜き編みを編む

側面とまちを外表に
合わせ、まち側から
引き抜き編みではぐ

6cm

13cm

31cm

5cm

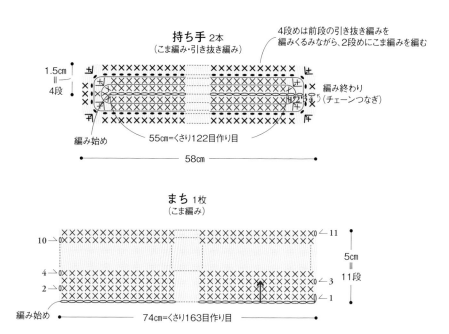

持ち手 2本
（こま編み・引き抜き編み）

4段めは前段の引き抜き編みを
編みくるみながら、2段めにこま編みを編む

1.5cm
＝
4段

編み終わり
（チェーンつなぎ）

編み始め

55cm＝くさり122目作り目

58cm

まち 1枚
（こま編み）

5cm
＝
11段

編み始め

74cm＝くさり163目作り目

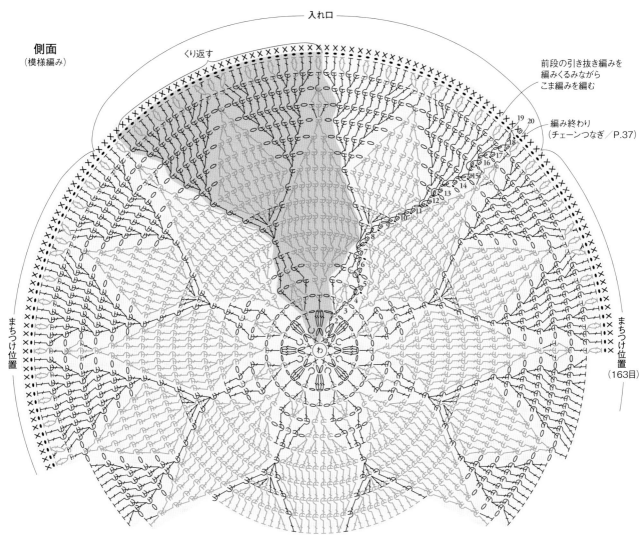

側面
（模様編み）

入れ口

くり返す

前段の引き抜き編みを
編みくるみながら
こま編みを編む

編み終わり
（チェーンつなぎ／P.37）

まちつけ位置

まちつけ位置
（163目）

側面の目数

段	目数
20〜18	224目
17	224目
16	208目
15	200目
14	168目
13	160目
12	160目
11	144目
10	144目
9	136目
8	120目
7	104目
6	88目
5	72目
4	56目
3	48目
2	32目
1	8模様（24目）編み入れる

2段め、5〜18段めの
立ち上がり位置は、 のかわりに
くさり1目で立ち上がり、
こま編み裏引き上げ編みを
編み、さらにくさり2目を編む

中央のみ長編み表引き上げ編み
で編み、両側は前段の同じ目に
長編みを編む

長編み表引き上げ編み
2目を編み入れる

長編み裏引き上げ編み
2目（3目）を編み入れる

長編み表引き上げ編み2目の玉編み

長編み表引き上げ編み2目の玉編みと、
長編みの交差
（P.94「変わり長編み交差」の要領）

21 リボンつきバッグ Photo_P.25

糸｜ハマナカ エコアンダリヤ（40g玉巻）
グレイッシュピンク（54）190g
針｜ハマナカアミアミ両かぎ針ラクラク5/0号
その他｜長さ3cmのブローチピン1個
ゲージ｜①模様編み　20目＝10cm
1模様（5段）＝3.5cm
こま編み　18目＝8cm　20段＝10cm
サイズ｜図参照

編み方｜糸は1本どりで編みます。
側面はくさり56目を作り目し、①模様編みで図のように2枚編みます。まちはくさり10目を作り目し、こま編みで図のように編みます。持ち手はくさり76目を作り目し、②模様編みで増減なく5段編みます。もう1本同じものを編みます。リボンA、Bもくさりで作り目し、図のように編みます。側面とまちを外表に合わせ、こま編みで側面側からはぎ合わせます。入れ口に縁編みを④模様編みで編み、指定の位置に持ち手をつけます。リボンを形作り、裏側にブローチピンを縫いつけ、本体にとめます。

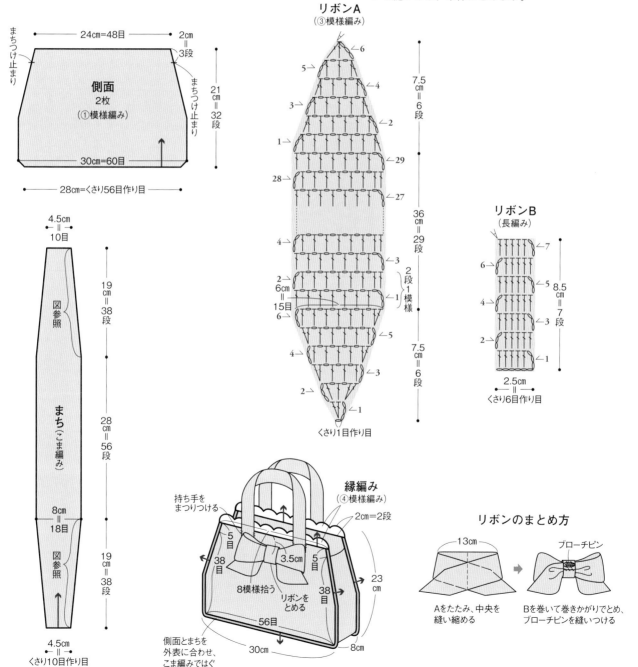

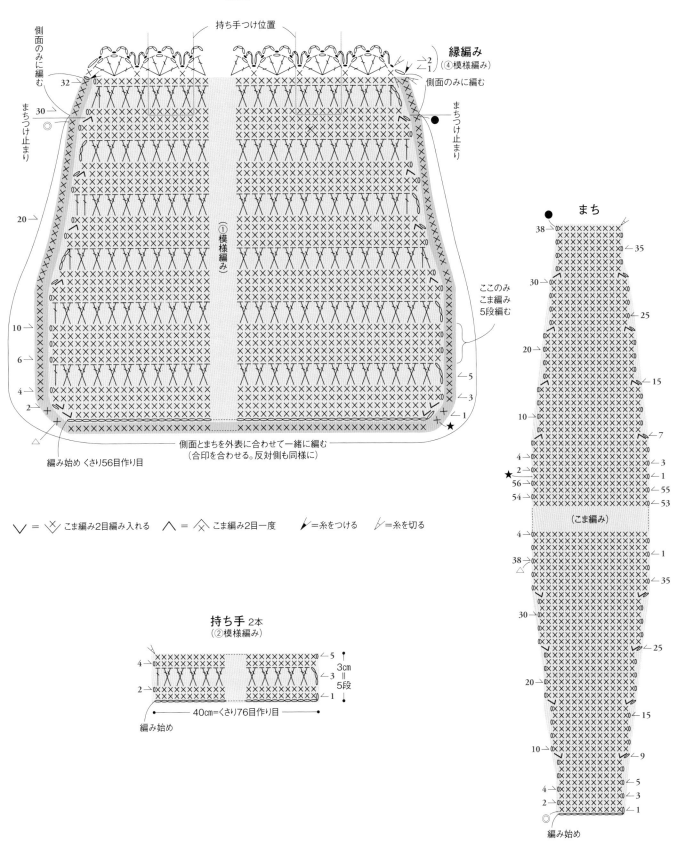

側面

持ち手つけ位置

縁編み
（④模様編み）

側面のみに編む

側面のみに編む

まちつけ止まり

まちつけ止まり

①模様編み

ここのみ
こま編み
5段編む

編み始め くさり56目作り目

側面とまちを外表に合わせて一緒に編む
（合印を合わせる。反対側も同様に）

まち

（こま編み）

$\vee$ = $\underset{\times}{\vee}$ こま編み2目編み入れる　$\wedge$ = $\underset{\times}{\wedge}$ こま編み2目一度　↗=糸をつける　↗=糸を切る

持ち手 2本
（②模様編み）

3cm
＝
5段

← 40cm＝くさり76目作り目 →

編み始め

編み始め

22 スクエアバッグ Photo_P.26

糸 ハマナカ エコアンダリヤ（40g玉巻）
レトログリーン（68）150g　白（1）50g
レトロピンク（71）10g
針 ハマナカアミアミ両かぎ針ラクラク5/0号
ゲージ ①模様編み　19目21.5段＝10cm角
②模様編みの編み込み模様　20目14段＝10cm角
サイズ 幅24cm　深さ24.5cm　まち17cm

編み方 糸は1本どりで編みます。
側面と底はくさり45目作り目し、底中央から①模様編みで入れ口まで編みます。作り目から拾い目し、反対側を同様に編みます。編み地の両わきをこま編みで整えます。まちはくさり32目を作り目し、②模様編みの編み込み模様（渡す糸を編みくるむ方法）で34段編み、入れ口以外の3辺にこま編みを編みます。同じものをもう1枚編みます。持ち手はくさり60目を作り目し、こま編みを4段編みます。両側の8目ずつを残して二つ折りにし、巻きかがりではぎ合わせます。同様にもう1本編みます。側面と底、まちを外表に合わせ、引き抜き編みではぎ合わせます。入れ口に縁編みを色をかえながら編み、指定の位置に持ち手をつけます。

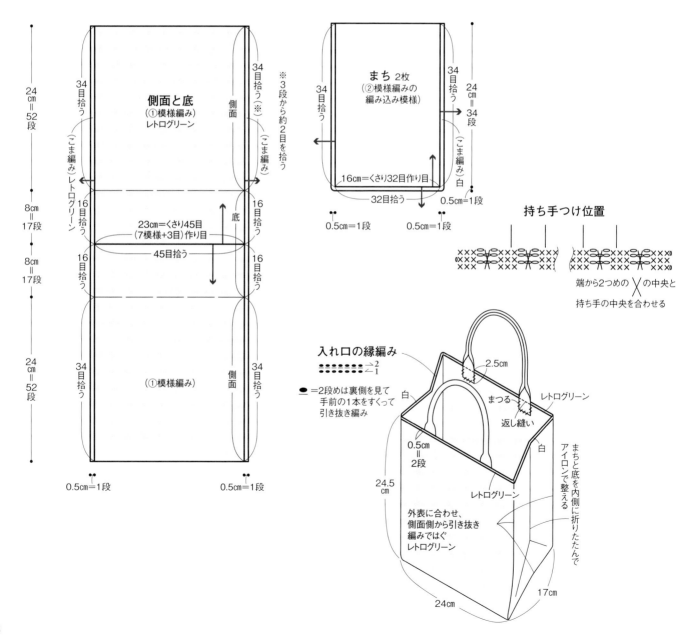

①模様編み記号図

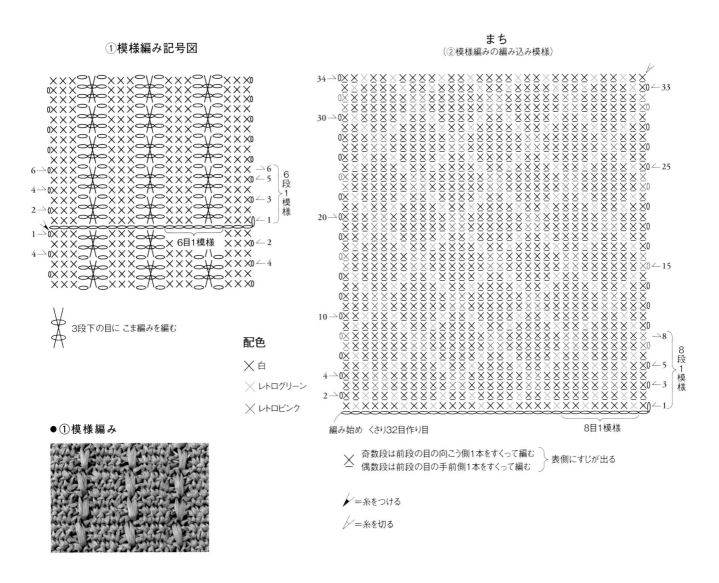

まち
（②模様編みの編み込み模様）

6→
5←
4→
3←
2→
1←

6段1模様

6目1模様 ←2
←4

3段下の目に こま編みを編む

配色
✕ 白
✕ レトログリーン
✕ レトロピンク

●①模様編み

34→
33←
30→
25←
20→
15←
10→
8←
5←
4→ 3←
2→ 1←

8段1模様

編み始め　くさり32目作り目　　　　　8目1模様

✕ 奇数段は前段の目の向こう側1本をすくって編む
✕ 偶数段は前段の目の手前側1本をすくって編む ｝表側にすじが出る

＝糸をつける

＝糸を切る

持ち手 2本
（こま編み）レトログリーン

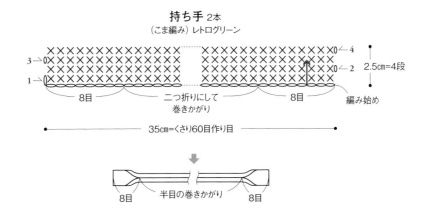

4←
3→ 2←
1←

2.5cm=4段

8目　　二つ折りにして　　8目
　　　巻きかがり　　　　　　編み始め

35cm=くさり60目作り目

8目　　半目の巻きかがり　　8目

23 バンブーハンドルのバッグ Photo_P.27

a

b

|糸|ハマナカ エコアンダリヤ（40g玉巻）
aベージュ（23）190g　bからし色（139）190g
|針|ハマナカアミアミ両かぎ針ラクラク7/0号
|その他|ハマナカ 竹型ハンドル　丸型（直径14cm
／H210-623-1）1組
|ゲージ|①模様編み　18目＝10cm　4模様（16段）
＝9.5cm　②模様編み　5目＝3cm　16段＝9.5cm
|サイズ|図参照

|編み方|糸は1本どりで編みます。
側面A、Bはそれぞれスレッドコードを40目編んで作り目と
し、くさり目を残して拾い目して①、②模様編みでAは32段、
Bは31段編みます。側面A、Bを中表に合わせ、引き抜き編
みでわきから底をはぎ合わせます。入れ口に縁編みを編み、
ハンドルを編みくるみます。

側面 A、B 各1枚

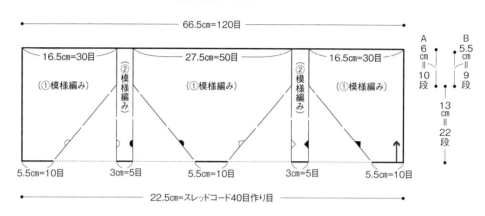

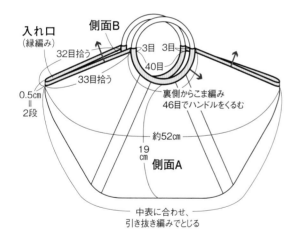

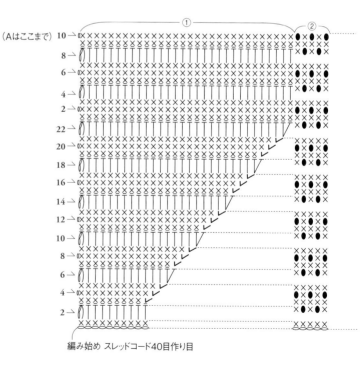

（Aはここまで）

編み始め スレッドコード40目作り目

● 側面を編むときの目の拾い方

スレッドコードの1本をすくってこま編
みを編む。

● 持ち手のつけ方

スレッドコードの残ったくさりの目を拾
って竹ハンドルを編みくるみながらこま
編みを編む。

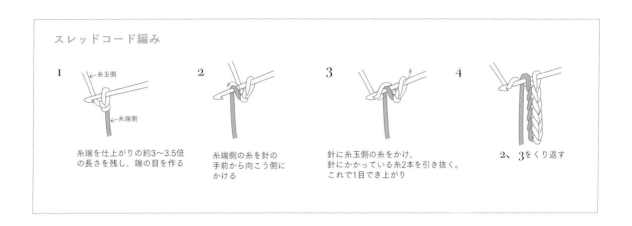

スレッドコード編み

I 糸玉側 糸端側
糸端を仕上がりの約3〜3.5倍
の長さを残し、端の目を作る

2 糸端側の糸を針の
手前から向こう側に
かける

3 針に糸玉側の糸をかけ、
針にかかっている糸2本を引き抜く。
これで1目でき上がり

4 2、3をくり返す

入れ口の縁編み

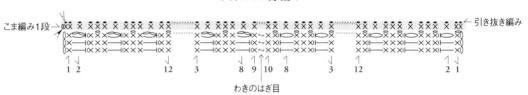

こま編み1段 → 引き抜き編み

1 2　　　　12　　3　　8 9 10 8　　3　　12　　2 1

わきのはぎ目

側面（模様編み）

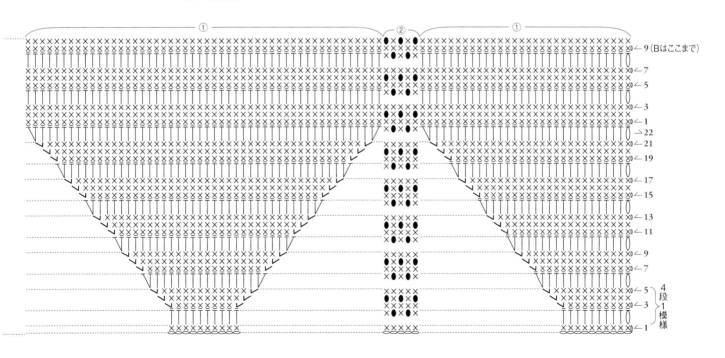

① ② ①

9（Bはここまで）
7
5
3
1
22
21
19
17
15
13
11
9
7
5　　4段1模様
3
1

 ∨ = こま編み2目編み入れる　 ● = 長編み3目の玉編み　/ =糸をつける

× =前段の目の向こう側1本をすくって編む　/ =糸を切る

24 つつみ編みのバッグ Photo_P.28

|糸| ハマナカ エコアンダリヤ（40g玉巻）
チャコールグレー（151）110g
|針| ハマナカアミアミ両かぎ針ラクラク6/0号
|その他| つつみ編み専用コード　黒（H204-635-2）14m巻
|ゲージ| つつみ編み　17.5目10段＝10cm角
こま編み　18目＝10cm　9段＝5cm
|サイズ| 図参照

|編み方| 糸は1本どりで編みます。
側面と持ち手はくさり32目を作り目し、つつみ編みで図のように編みます。まちはくさり20目を作り目し、こま編みで図のように編みます。側面と持ち手、まちを外表に合わせ、引き抜き編みでとじ合わせます。

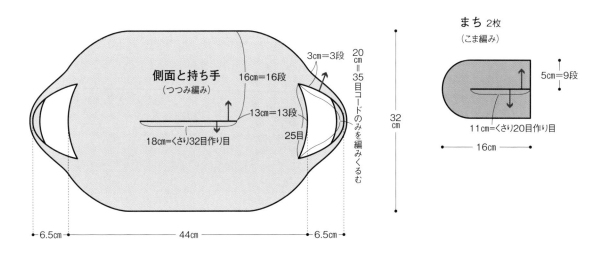

側面と持ち手
（つつみ編み）
16cm＝16段
3cm＝3段
20cm＝35目コードのみを編みくるむ
13cm＝13段
18cm＝くさり32目作り目
25目
32cm
6.5cm　44cm　6.5cm

まち 2枚
（こま編み）
5cm＝9段
11cm＝くさり20目作り目
16cm

●つつみ編みの編み方

1 編み始め。くさり32目を作り目し、立ち上がりのくさりを編むときに、コードを編みくるむ。

2 コードを編みくるみながら、こま編みを32目編む。

3 32目編んだら、折り返しの5目はコードのみをくるんでこま編みを編む。

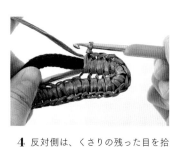

4 反対側は、くさりの残った目を拾って、同様にこま編みを編む。

5 編み終わりの5cm手前になったら、コードを編み終わりに合わせて切り、手でほぐしてだんだん細くなるように斜めにカットする。

6 段の終わりまでつつみ編みをする。

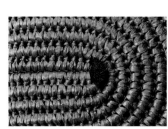

7 編み始めのコードは、ほどけないように接着剤をつけて裏側に固定する。

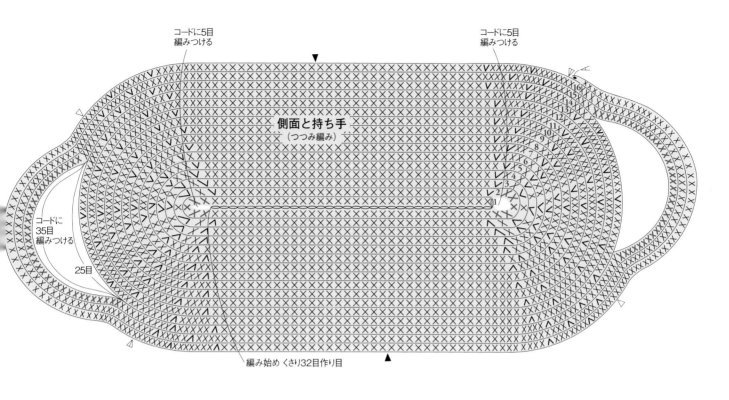

コードに5目
編みつける

コードに5目
編みつける

側面と持ち手
（つつみ編み）

コードに
35目
編みつける

25目

編み始め くさり32目作り目

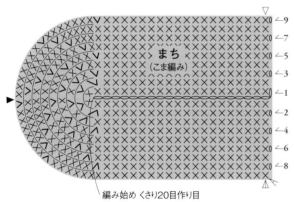

まち
（こま編み）

編み始め くさり20目作り目

←9
←7
←5
←3
←1
→2
→4
→6
→8

まちの目数と増し方		
段	目数	増し方
9	74目	
8	70目	
7	66目	
6	62目	
5	58目	毎段4目増す
4	54目	
3	50目	
2	46目	
1	作り目から42目拾う	

側面と持ち手の目数と増し方		
段	目数	増し方
16	236目	毎段8目増す
15	228目	
14	220目	8目増す+持ち手 70目（50目休める）
13	192目	
12	182目	
11	172目	
10	162目	
9	152目	
8	142目	毎段10目増す
7	132目	
6	122目	
5	112目	
4	102目	
3	92目	
2	82目	8目増す
1	作り目とコードから74目拾う	

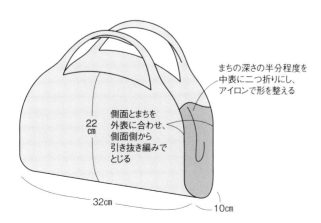

まちの深さの半分程度を
中表に二つ折りにし、
アイロンで形を整える

側面とまちを
外表に合わせ、
側面側から
引き抜き編みで
とじる

22cm

32cm

10cm

∨ = こま編み2目編み入れる

✕ 作り目、前段の目に編まずに
コードのみを編みくるむ

▲・△・⚠ 合印を合わせて側面とまちをとじる

＝糸を切る

25 チェーンバッグ Photo_P.29

糸 ハマナカ エコアンダリヤ（40g玉巻）
黒（30）75g ベージュ（23）55g
針 ハマナカアミアミ両かぎ針ラクラク5/0号
その他 ハマナカ留め具角おこし
金（H206-054-1）1組
ハマナカ バッグ用角カン 金（H206-053-1）1組
バッグ用チェーン1m
ゲージ こま編みの編み込み模様 20目20段＝
10cm角
サイズ 図参照

編み方 糸は1本どりで編みます。
側面とふたはくさり50目を作り目し、こま編みの編み込み
模様で編みますが、指定の位置ではまちをこま編み（左右で
1段ずれる）で編み、留め金具つけ位置の穴をあけて編みま
す。まちを外表に折り、縁まわりにこま編み（底の折り山の
み引き抜き編み）を編み、とじ合わせます。角カンを巻きか
がってつけ、チェーンをつけます。留め具をつけます。

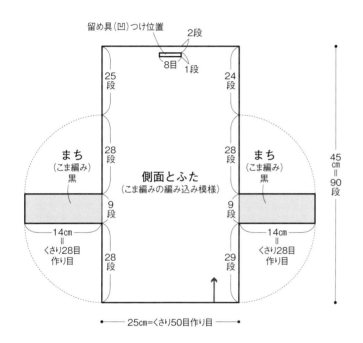

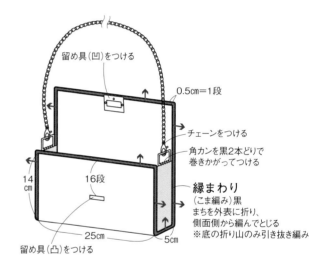

留め具のつけ方

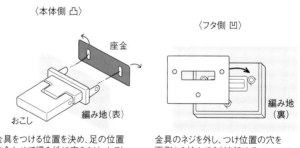

〈本体側 凸〉
座金
おこし
編み地（表）
金具をつける位置を決め、足の位置
に合わせて編み地に穴をあけ、おこし
の足を通して、座金をはめて足を外側
に折り曲げる

〈フタ側 凹〉
編み地（裏）
金具のネジを外し、つけ位置の穴を
両側から挟んでネジを締める

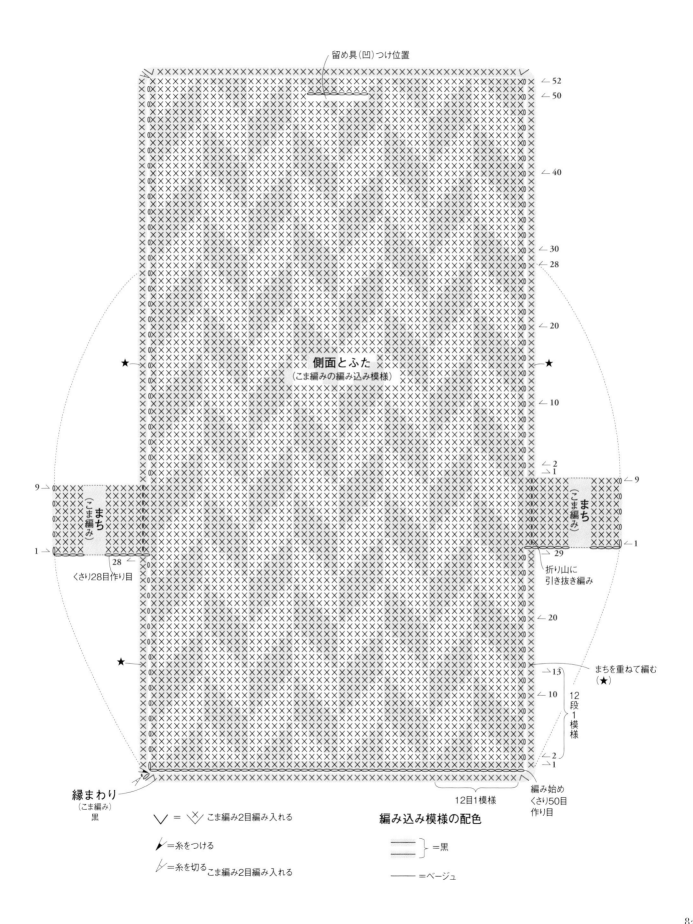

留め具(凹)つけ位置

←52
←50

←40

←30
←28

←20

★ 側面とふた ★
（こま編みの編み込み模様）

←10

←2
←1

9→ まち ← 9
（こま編み）

まち
（こま編み）

1→ ←1
←29
28
くさり28目作り目 折り山に
引き抜き編み

←20

★ ←13
まちを重ねて編む
←10 （★）

12段1模様

←2
←1

縁まわり 12目1模様 編み始め
（こま編み）
黒 くさり50目
作り目

∨ = こま編み2目編み入れる

=糸をつける

=糸を切るこま編み2目編み入れる

編み込み模様の配色

=黒

=ベージュ

27 2way バッグ　Photo_P.31

|糸|ハマナカ エコアンダリヤ（40g玉巻）
オフホワイト（168）95g　レッド（7）70g
|針|ハマナカアミアミ両かぎ針ラクラク6/0号
|ゲージ|こま編み　18段＝9cm
模様編みのしま　17目＝10cm　1模様（4段）＝2.2cm
|サイズ|入れ口幅32cm　深さ22cm

|編み方|糸は1本どりで編みます。
底は糸端を輪にし、こま編みを6目編み入れます。2段めからは図のように増しながら18段めまで編みます。続けて側面は模様編みのしま、入れ口はこま編み（8段めは引き抜き編み）で、持ち手通し穴をあけながら編みます。持ち手はえび編みで編み、通し穴に通して輪にとじます。

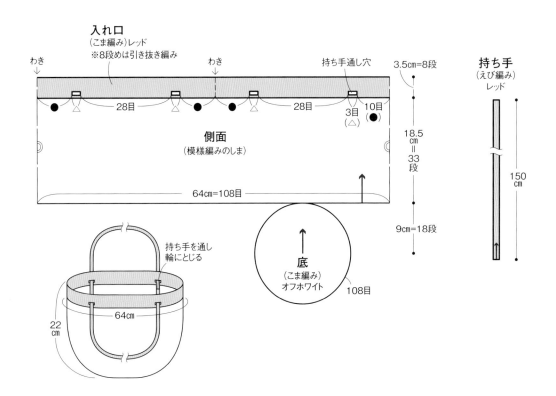

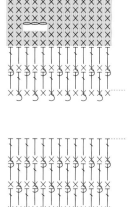

底の目数と増し方

段	目数	増し方
18	108目	
17	102目	
16	96目	
15	90目	
14	84目	
13	78目	
12	72目	
11	66目	毎段6目増す
10	60目	
9	54目	
8	48目	
7	42目	
6	36目	
5	30目	
4	24目	
3	18目	
2	12目	
1	6目編み入れる	

●模様編みの編み方

1 側面3段め。立ち上がりのくさり2目を編み、次の目の1段めの中長編みに、長編み表引き上げ編みを編む。

2 次の目は、前段に中長編みを編む。

3 1、2をくり返す。

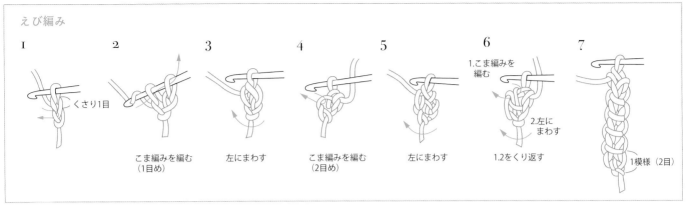

えび編み

1	2	3	4	5	6	7
くさり1目	こま編みを編む（1目め）	左にまわす	こま編みを編む（2目め）	左にまわす	1.こま編みを編む　2.左にまわす　1.2をくり返す	1模様（2目）

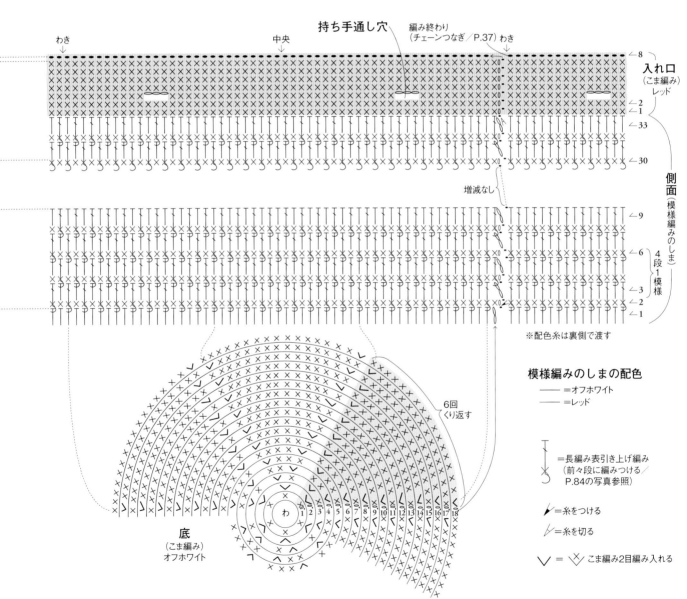

持ち手通し穴

わき　　　　　中央　　　　　編み終わり　　　わき
　　　　　　　　　　　　　（チェーンつなぎ／P.37）

入れ口
（こま編み）
レッド

←8
←2
←1
←33
←30

側面（模様編みのしま）

増減なし

←9
←6
←3
←2
←1

4段1模様

※配色糸は裏側で渡す

模様編みのしまの配色

　―― ＝オフホワイト
　―― ＝レッド

6回
くり返す

底
（こま編み）
オフホワイト

=長編み表引き上げ編み
（前々段に編みつける／
P.84の写真参照）

＝糸をつける

＝糸を切る

＝こま編み2目編み入れる

85

29 メリヤスこま編みのバッグ Photo_P.34

糸	ハマナカ エコアンダリヤ（40g玉巻） チャコールグレー（151）210g　白（1）150g
針	ハマナカアミアミ両かぎ針ラクラク6/0号
ゲージ	模様編み　18目＝10cm　27段＝6.5cm メリヤスこま編みの①編み込み模様 18目21段＝10cm角
サイズ	入れ口幅44cm　深さ27.5cm まち13cm

編み方 | 糸は1本どりで編みます。

底はくさり33目を作り目し、模様編みで目を増しながら27段編み、糸を切ります。底の指定の位置に新しく糸をつけ、側面はメリヤスこま編みの①、②編み込み模様で増減なく編みます。持ち手は糸端を輪にし、こま編みを7目編み入れ、2段めからは往復に編み、編み終わりの糸を最終段の目に通してしぼります。持ち手の端を巻きかがり、芯糸を中に入れて残りの持ち手をかがり、指定の位置にとじつけます。

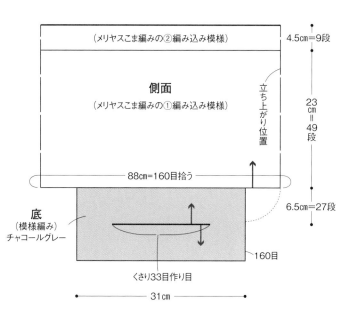

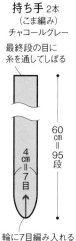

持ち手の作り方

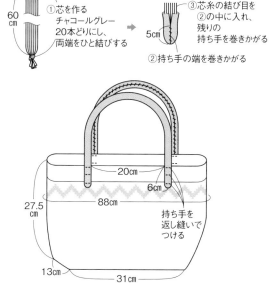

● メリヤスこま編みの編み方

1 側面1段めは、白1本で編む。最後のこま編みの引き抜くときに、チャコールグレーにかえる。

2 2段め。白の糸をくるんで、チャコールグレーで編む。前段のこま編みの、足の右側1本のみに針を入れる。

3 糸をかけて引き出す。

4 針に白の糸をかけて引き出す。このとき、チャコールグレーの糸を向こうから手前に持ってきて挟み込む。

5 メリヤスこま編みが1目編めた。

6 次の目は、チャコールグレーをくるんで白の糸で編む。**2**と同様に、前段のこま編みの足の右側1本のみに針を入れて編む。

7 白で6目編み、7目めのこま編みの引き抜くときにチャコールグレーにかえる。以降も、図を見ながら配色して編む。色をかえるときは、必ず配色の糸を手前にして挟み込む。

持ち手の編み方

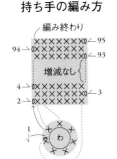

編み終わり

95 ← ×0
94 → ×0 ← 93
増減なし
4 → ×0
2 → ×0 ← 3

1
わ

∨ = こま編み2目編み入れる

∨ = こま編み3目編み入れる

╱ =糸をつける

╱ =糸を切る

配色

×=白
　（チャコールグレーを芯の糸にして編みくるむ）
　・★の段はチャコールグレーを編みくるまない

×=チャコールグレー
　（白を芯の糸にして編みくるむ）

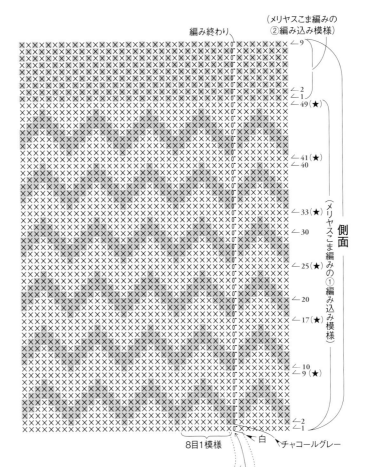

編み終わり

（メリヤスこま編みの②編み込み模様）

← 9

← 2
← 1
← 49（★）

← 41（★）
← 40

← 33（★）
← 30

← 25（★）
← 20

← 17（★）
← 10
← 9（★）

← 2
← 1

側面

（メリヤスこま編みの①編み込み模様）

8目1模様　　白　チャコールグレー

底の立ち上がりの編み方

前段の最後の引き抜き編みと同じところに針を入れて引き抜く

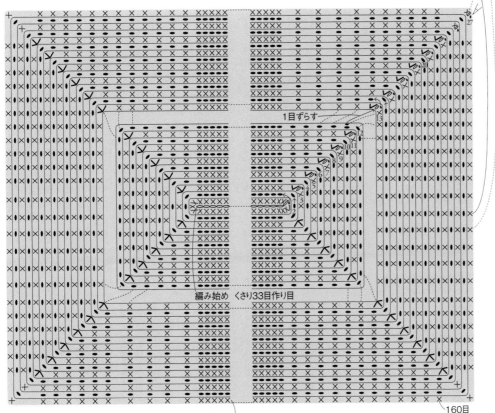

1目ずらす

編み始め　くさり33目作り目

160目

底（模様編み）チャコールグレー
・1段め以外の奇数段は、前段の引き抜き編みを編みくるみながら、前々段に編む
・13段めは角の増し目を1目ずらして編む

底の目数と増し方

段	目数	増し方
24〜27	160目	増減なし
23	160目	
21	152目	
19	144目	
17	136目	
15	128目	
13	120目	奇数段で8目増す
11	112目	
9	104目	
7	96目	
5	88目	
3	80目	
1	作り目の両側から72目拾う	

※偶数段は増減なし

30 バイカラーのキャップ Photo_P.35

| 糸 | ハマナカ エコアンダリヤ（40g玉巻）
サンドベージュ（169）75g　黒（30）35g
| 針 | ハマナカアミアミ両かぎ針ラクラク5/0号
| その他 | ハマナカ テクノロート〈L〉（H430-058）
70cm　熱収縮チューブ（H204-605）10cmを2本
| ゲージ | こま編み　21目22段＝10cm角
| サイズ | 頭まわり57cm　深さ17cm

| 編み方 | 糸は1本どりで編みます。
クラウンは糸端を輪にし、こま編みを12目編み入れます。2段めからは立ち上がりをつけずにぐるぐると図のように増しながら36段まで編みます。指定の配色で引き抜き編みを1段編み、糸をつけてブリムを編みます。続けて縁編みを編みますが、ブリムにはテクノロートを編みくるみます。

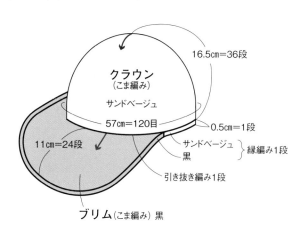

16.5cm=36段

クラウン
（こま編み）
サンドベージュ

57cm=120目

0.5cm=1段

11cm=24段

サンドベージュ
黒 }縁編み1段

引き抜き編み1段

ブリム（こま編み）黒

テクノロートの編みくるみ方

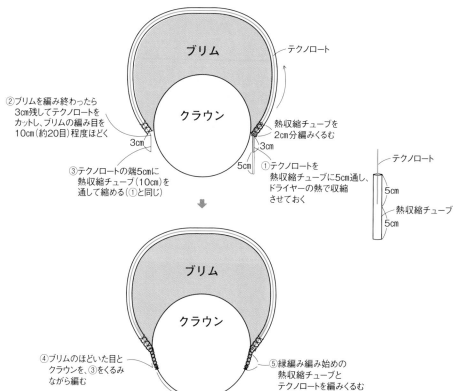

②ブリムを編み終わったら
3cm残してテクノロートを
カットし、ブリムの編み目を
10cm（約20目）程度ほどく

3cm

③テクノロートの端5cmに
熱収縮チューブ（10cm）を
通して縮める（①と同じ）

3cm

5cm

①テクノロートを
熱収縮チューブに5cm通し、
ドライヤーの熱で収縮
させておく

ブリム

クラウン

テクノロート

熱収縮チューブを
2cm分編みくるむ

テクノロート

5cm

5cm

熱収縮チューブ

ブリム

クラウン

④ブリムのほどいた目と
クラウンを、③をくるみ
ながら編む

⑤縁編み編み始めの
熱収縮チューブと
テクノロートを編みくるむ

※④、⑤とも、熱収縮チューブを端から1cm残して編みくるみ、
編み終わった後に編み地を整えて
熱収縮チューブの端をカットすると、きれいに仕上がる

クラウンの目数と増し方

段	目数	増し方
引き抜き編み	119目	黒66目 サンドベージュ53目
24～36	120目	増減なし
23	120目	6目増す
21・22	114目	増減なし
20	114目	6目増す
19	108目	増減なし
18	108目	毎段6目増す
17	102目	
16	96目	増減なし
15	96目	
14	90目	
13	84目	
12	78目	
11	72目	
10	66目	
9	60目	毎段6目増す
8	54目	
7	48目	
6	42目	
5	36目	
4	30目	
3	24目	
2	18目	
1	12目編み入れる	

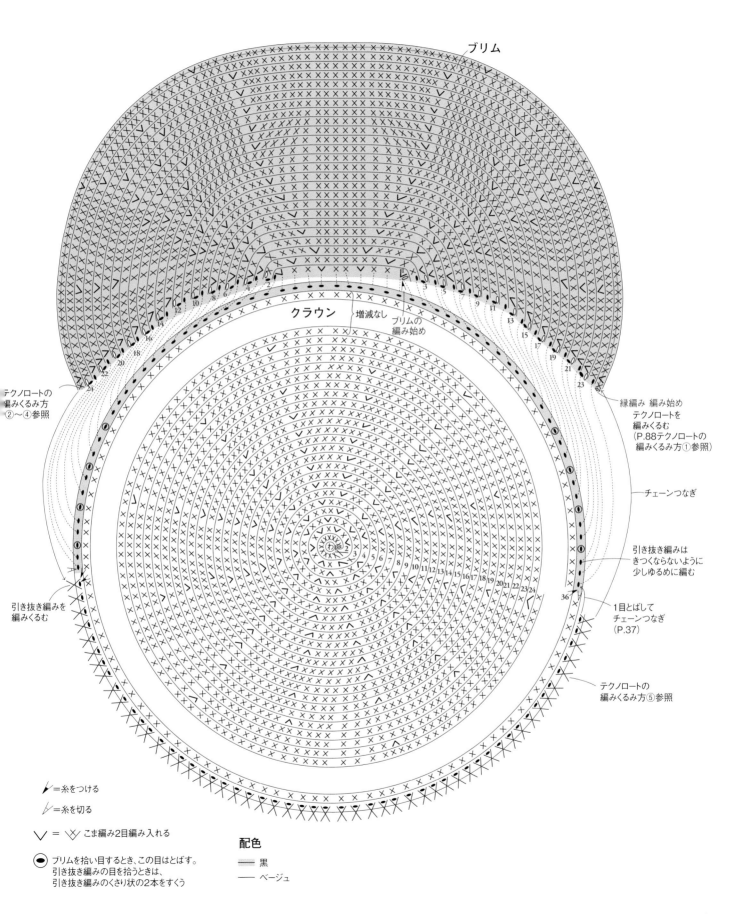

ブリム

テクノロートの
編みくるみ方
②〜④参照

クラウン

増減なし

ブリムの
編み始め

縁編み 編み始め
テクノロートを
編みくるむ
（P.88テクノロートの
編みくるみ方①参照）

チェーンつなぎ

引き抜き編みは
きつくならないように
少しゆるめに編む

1目とばして
チェーンつなぎ
（P.37）

テクノロートの
編みくるみ方⑤参照

引き抜き編みを
編みくるむ

✔ ＝糸をつける

✔ ＝糸を切る

∨ ＝ ⋎ こま編み2目編み入れる

● ブリムを拾い目するとき、この目はとばす。
引き抜き編みの目を拾うときは、
引き抜き編みのくさり状の2本をすくう

配色

▬▬ 黒

── ベージュ

28 バックスリットのクローシュ Photo_P.32

|糸|ハマナカ エコアンダリヤ(40g玉巻)
aネイビー(57)95g　b白(1)95g
|針|ハマナカアミアミ両かぎ針ラクラク6/0号
|ゲージ|こま編み　19.5目19.5段=10cm角
模様編み　8段=7cm
|サイズ|頭まわり58cm　深さ17cm

|編み方|糸は1本どりで編みます。
糸端を輪にし、こま編みを8目編み入れます。2段めからは図のように増しながらこま編みでクラウンを編みます。続けてブリムを模様編みで図のように増しながら往復に編みます。後ろ中央に糸をつけ、ブリムのまわりにこま編みを1段編みます。

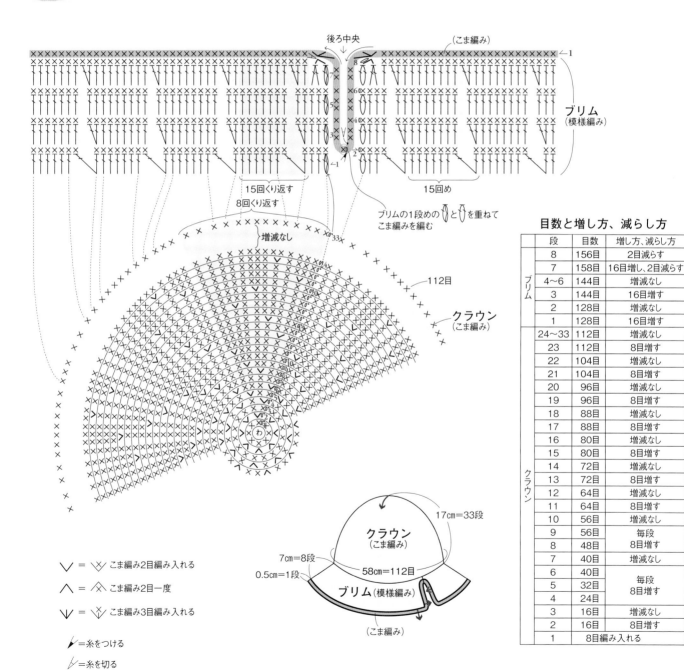

後ろ中央　(こま編み)
←1
ブリム(模様編み)
15回くり返す
8回くり返す
15回め
増減なし
ブリムの1段めの と を重ねてこま編みを編む
112目
クラウン(こま編み)
わ

目数と増し方、減らし方

	段	目数	増し方、減らし方
ブリム	8	156目	2目減らす
	7	158目	16目増し、2目減らす
	4~6	144目	増減なし
	3	144目	16目増す
	2	128目	増減なし
	1	128目	16目増す
クラウン	24~33	112目	増減なし
	23	112目	8目増す
	22	104目	増減なし
	21	104目	8目増す
	20	96目	増減なし
	19	96目	8目増す
	18	88目	増減なし
	17	88目	8目増す
	16	80目	増減なし
	15	80目	8目増す
	14	72目	増減なし
	13	72目	8目増す
	12	64目	増減なし
	11	64目	8目増す
	10	56目	増減なし
	9	56目	毎段8目増す
	8	48目	
	7	40目	増減なし
	6	40目	毎段8目増す
	5	32目	
	4	24目	
	3	16目	増減なし
	2	16目	8目増す
	1	8目編み入れる	

∨ = こま編み2目編み入れる
∧ = こま編み2目一度
∨ = こま編み3目編み入れる

= 糸をつける
= 糸を切る

17cm=33段
クラウン(こま編み)
7cm=8段
0.5cm=1段
58cm=112目
ブリム(模様編み)
(こま編み)

かぎ針編みの基礎

編み目記号

くさり編み

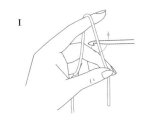 1

 2

3
糸端を引いて
輪を引き締める

 4

 5

こま編み

 1
立ち上がりの
くさり編み1目
くさり編み1目で立ち上がり、
作り目の1目めをすくう

 2
針に糸をかけ、矢印の
ように引き出す

 3
針に糸をかけ、針にかかっている
ループを一度に引き抜く

 4
1目でき上がり。
こま編みは立ち上がりの
くさり編みを1目に数えない

 5
1 〜 3を
くり返す

 6

中長編み

 1
立ち上がりの
くさり編み2目
くさり編み2目で立ち上がる。
針に糸をかけ、作り目の2目めをすくう

 2
針に糸をかけ、矢印のように
くさり編み2目分の高さまで引き出す

 3
針に糸をかけ、針にかかっている
ループを一度に引き抜く

 4
1目でき上がり。立ち上がり
のくさり編みを1目に数える

 5
1 〜 3をくり返す

 6

長編み

 1
立ち上がりの
くさり編み3目
くさり編み3目で立ち上がる。
針に糸をかけ、作り目の2目めをすくう

 2
針に糸をかけ、矢印のように
1段の高さの半分くらいまで引き出す

 3
針に糸をかけ、
1段の高さまで引き出す

 4
針に糸をかけ、針にかかって
いるループを一度に引き抜く

 5
1目でき上がり。立ち上がり
のくさり編みを1目に数える

 6
1 〜 4をくり返す

引き抜き編み

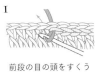 1
前段の目の頭をすくう

2
針に糸をかけ、一度に引き抜く

 3
1、2をくり返し、
編み目がつれない程度にゆるめに編む

91

長々編み

1
立ち上がりの
くさり編み4目

くさり編み4目で立ち上がる。
針に糸を2回かけ、作り目の2目めをすくう

2
針に糸をかけ、矢印のように
1段の高さの1/3くらいまで引き出す

3
針に糸をかけ、
2つのループを引き抜く

4
針に糸をかけ、
2つのループを引き抜く

5
針に糸をかけて残りの2つの
ループを引き抜く

6
1～5をくり返す。立ち上がり
のくさり編みを1目に数える

こま編み
2目編み入れる

1
こま編みを1目編み、
同じ目にもう一度編む

2
1目増える

中長編み
2目編み入れる

中長編みを1目編み、
同じ目にもう一度針を入れて
中長編みを編む

長編み
2目編み入れる

※編み入れる目数が
増えても、同じ要領で編む

1
長編みを1目編み、
同じ目にもう一度針を
入れる

2
目の高さをそろえて
長編みを編む

3
1目増える

こま編み
3目編み入れる

「こま編み2目編み入れる」の要領で
同じ目に3回針を入れてこま編みを編む

こま編み2目一度

1
1目めの糸を引き出し、
続けて次の目から糸を
引き出す

2
針に糸をかけ、針に
かかっているすべての
ループを一度に引き抜く

3
こま編み2目が
1目になる

中長編み
2目一度

「長編み2目一度」の
要領で中長編みを
2目一度に編む

中長編み
3目一度

「長編み2目一度」の
要領で中長編みを
3目一度に編む

長編み2目一度

1
長編みの途中まで編み、
次の目に針を入れて糸を
引き出す

2
長編みの途中まで編む

3
2目の高さをそろえ、
一度に引き抜く

4
長編み2目が1目になる

 の区別

根元が
ついている場合

前段の1目に
針を入れる

根元が
離れている場合

前段のくさり編みの
ループを束にすくう

こま編みの
すじ編み

1
前段のこま編みの頭の
向こう側の1本だけをすくう

2
こま編みを編む

3
前段の目の手前側の1本の
糸が残ってすじができる

92

くさり3目の ピコット	**I**  くさり編みを3目編む。矢印のようにこま編みの頭半目の足の糸1本をすくう	**2**  針に糸をかけ、全部の糸を一度にきつめに引き抜く	**3** でき上がり。次の目にこま編みを編む		

バックこま編み	**I**  針を手前側からまわして矢印のようにすくう	**2** 針に糸をかけて矢印のように引き出す	**3** 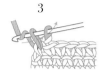 針に糸をかけ、2つのループを引き抜く	**4** I～3をくり返し、左側から右側へ編み進む	**5**

ねじりこま編み	**I** 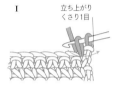 こま編みの要領で、長めに糸を引き出し、矢印のように針先を手前側へまわす	**2** 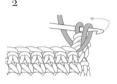 針をさらに向こう側へまわす	**3** 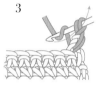 編み目をねじったまま針に糸をかけ、糸をゆるめに引き抜く	**4** 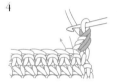 I～3をくり返す	**5** 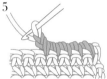 右側から左側へ編み進む

長編み3目の 玉編み

※目数が異なる場合も同じ要領で編む

I 長編みの引き抜く手前までを3目編む（図は1目め）

2 針に糸をかけ、一度に引き抜く

3 

中長編み3目の 玉編み

※2目の場合も、同じ要領で編む

I   針に糸をかけ、同じところに中長編み引き抜く手前までを3目編む（図は1目め）

2 針に糸をかけ、一度に引き抜く

3 くさり3目

中長編み3目の 変形玉編み

I 中長編み引き抜く手前までを3目編み、矢印のように引き抜く

2 針に糸をかけ、2本のループを一度に引き抜く

3

長編み5目の パプコーン編み

※目数が異なる場合も同じ要領で編む

I 同じところに長編みを5目編み入れる

2  針を抜き、矢印のように1目めから入れ直す

3  矢印のように目を引き出す

4  くさり3目 針に糸をかけ、くさり編みの要領で1目編む。この目が頭になる

長編み交差

1
1目先の目に長編みを編み、針に
糸をかけて手前側の目に針を入れる

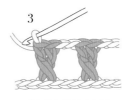

2
針に糸をかけて引き出し、
長編みを編む

3
先に編んだ目をあとから
編んだ目で編みくるむ

中長編み交差

長編み交差と同じ要領で、
中長編みを編む

変わり長編み交差
（左上）

1
1目先の目に長編みを編む。
次の目は針を長編みの表側を
通って矢印のように入れ、
長編みを編む

2
あとから編んだ目が上に
重なって交差する

変わり長編み交差
（右上）

1目先の目に長編みを編む。
次の目は針を長編みの裏側を
通って矢印のように入れ、
長編みを編む

こま編み
表引き上げ編み

1
矢印のように針を入れ、
前段の目の足をすくう

2
針に糸をかけ、こま編みより
長めに糸を引き出す

3

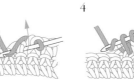

4
こま編みと同じ
要領で編む

5

こま編み
裏引き上げ編み

1
前段の足を裏側から
針を入れてすくう

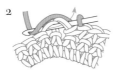

2
針に糸をかけて矢印のように
編み地の向こう側に引き出す

3
少し長めに糸を引き出し、
こま編みと同じ要領で編む

4

長編み
表引き上げ編み

1
針に糸をかけ、前段の足を
矢印のように表側からすくう

2
針に糸をかけ、長めに
糸を引き出す

3
長編みと
同じ要領で編む

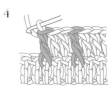

4

長編み
裏引き上げ編み

1
針に糸をかけ、前段の足を
裏側からすくい、長めに糸を引き出す

2
長編みと同じ
要領で編む

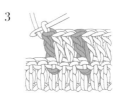

3

編み始め

・くさり編みの作り目に編みつける方法
（くさり目の半目と裏側の山をすくう方法）

（くさり目の裏側の山だけ
すくう方法）

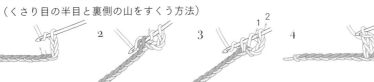

くさり目の向こう側の糸と
裏側の山の糸の2本をすくう

作り目のくさりがきれいに出る

・糸端を輪にする作り目（1回巻き）

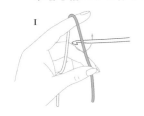

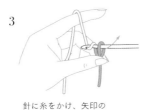

針に糸をかけ、矢印の
ように糸を引き出す

立ち上がりのくさり
編みを編む

輪の中に
編み入れる

糸端の糸も一緒に
編みくるむ

必要目数を編み入れ、糸端を
引き締める。1目めに矢印の
ように針を入れる

針に糸をかけ、
引き抜く

モチーフのつなぎ方 | 針を入れかえて長編みでつなぐ方法

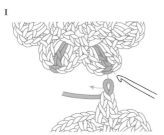

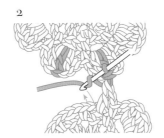

針をはずし、1枚めのモチーフから矢印のように
入れ、はずした目を針に戻し、目を引き出す

針に糸をかけて長編みを編む

中央の目の頭がつながる

色のかえ方 | （輪編みの場合）

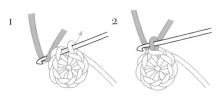

色をかえる手前の目の最後の糸を引き抜くときに、
新しい糸にかえて編む

編み込み模様の編み方

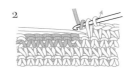

休ませていた糸を沿わせ、
編みくるみながら
こま編みを編む

糸をかえるときは、
手前の目を引き抜くときに
配色糸と地糸をかえる

とじ／はぎ

巻きかがり

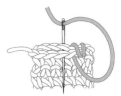

編み地を外表に合わせ、
こま編みの頭2本を
1目ずつすくっていく

作品デザイン

青木恵理子

宇野千尋

岡本啓子

金子祥子

川路ゆみこ

城戸珠美

Sachiyo*Fukao

すぎやまとも

橋本真由子

早川靖子

深瀬智美

marshell（甲斐直子）

Little Lion

staff

ブックデザイン……後藤美奈子

撮影 ………………清水奈緒（カバー、P.1～35）

中辻 渉（P.36～90）

スタイリング………鍵山奈美

ヘア＆メイク………下永田亮樹

モデル………………ALYONA

トレース……………沼本康代　白くま工房

編集 ………………永谷千絵（リトルバード）

編集デスク…………朝日新聞出版　生活・文化編集部（森 香織）

糸、材料提供

ハマナカ株式会社

〒616-8585 京都市右京区花園薮ノ下町2番地の3

FAX. 075-463-5159

http://www.hamanaka.co.jp

info@hamanaka.co.jp

印刷物のため、作品の色は実物とは多少異なることがあります。

衣装協力

●ヴェリテクール　tel.092-753-7559

（P.8、9のワンピース、P.12のスカート、P.15、32のチュニック、P.17、35のパンツ、

P.21のパンツ、P.22、23のワンピース、P.29のワンピース／ヴェリテクール）

●エイチ・プロダクト・デイリーウエア　tel.03-6427-8867

（P.4のワンピース、P.7のデニム、P.21のパーカ／ハンズ オブ クリエイション

P.7のシャツ／ウーヴェル）

●KMDファーム　tel.03-5458-1791

（P.3、26のブラウス、P.5のブラウス、P.12、14のワンピース、

P.17、35のレースニット／エリテ）

●グラストンベリーショールーム　tel.03-6231-0213

（P.10、14、24のプルオーバー／オネット　P.19のシャツ／ジェームスモルティマー

P.19のパンツ／ホールドファスト　P.10、24のキャミワンピース、P.26のパンツ、

P.31、33のボイラースーツ／ヤーモ）

●ブリンク ベース　tel.03-3401-2835

（メガネ／サヴィル ロウ、ロバート ラ ロッシュ ヴィンテージ、メガネ アンドミー）

プロップ協力

AWABEES

UTUWA

TITLES

エコアンダリヤで編む
おしゃれバッグと夏の帽子

編　著　朝日新聞出版

発行人　橋田真琴

発行所　朝日新聞出版

〒104-8011 東京都中央区築地5-3-2

Tel.（03）5541-8996（編集）　（03）5540-7793（販売）

印刷所　図書印刷株式会社